ST. PAUL IM LAVANTTAL
WIEDERNDORF-AICH
MITTLERN
KÜHNSDORF-KLOPEINER SEE
GRAFENSTEIN
KLAGENFURT EBENTHAL
KLAGENFURT HBF

Othmar Pruckner

# Mit Highspeed in den Süden

## Jahrhundertprojekt Koralmbahn

Mit 18 Porträtfotos von
Christopher Mavrič

OTHMAR PRUCKNER

# MIT HIGHSPEED IN DEN SÜDEN

## JAHRHUNDERTPROJEKT KORALMBAHN

Styria
VERLAG

1116 201-3
ÖBB railjet
SIEMENS

ÖBB railjet
railjet

# INHALT

Eine Idee setzt sich durch: Trasse der Koralmbahn, Blick über die Drau nach Südwesten

Drauquerung bei Stein im Jauntal

# BAHN FREI! ALLES EINSTEIGEN IN DIE KORALMBAHN

Mit *Highspeed in den Süden* heißt dieses Buch. Alles darin dreht sich um Geschichte und Gegenwart, um Bau und Bedeutung der Koralmbahn. Dabei handelt es sich, für alle weniger bahnkundigen Menschen, um eine neu gebaute und 2025 eröffnete Eisenbahnlinie zwischen Graz und Klagenfurt. Auf ihr wird tatsächlich mit Highspeed, konkret bis zu 250 km/h, gefahren. Aber nicht nur deswegen wird diese Strecke als „Jahrhundertprojekt" gerühmt und gefeiert.

Warum lobt man die Fertigstellung einer 130 Kilometer langen Eisenbahnlinie so überschwänglich? Was ist an dieser Trasse zwischen den Landeshauptstädten Kärntens und der Steiermark gar so rekordverdächtig, was am Bau selbst so außergewöhnlich, um nicht zu sagen: sensationell? Genau diese Fragen versucht dieses Buch zu beantworten. Das, gleich vorneweg, nicht nur Eisenbahnfreund:innen und Techniker:innen, Trainspotter:innen und Verkehrswissenschaftler:innen, Zugfahrer:innen und Zugbegleiter:innen ansprechen möchte, sondern in die Breite wirken will. Und damit auch die Menschen zu erreichen gedenkt, die beispielsweise in der Region rund um die neue Koralmbahn leben, auch jene, die auf eine gute, lebenswerte, klimaneutrale Zukunft hoffen – und dabei auf modernste Bahntechnologie vertrauen.

Es stimmt: Die Koralmbahn ist ein außergewöhnliches Bau-, fast möchte man sagen, Gesamtkunstwerk. Das Projekt war – wie oft auch moderne Kunst – von Anbeginn umstritten, ja angefeindet und umkämpft, um letzten Endes doch noch hochgelobte Realität zu werden. „Ich bin voller Respekt für die Menschen, die dieses Projekt seit Jahren, ja Jahrzehnten abwickeln, die mit ihm trotz aller

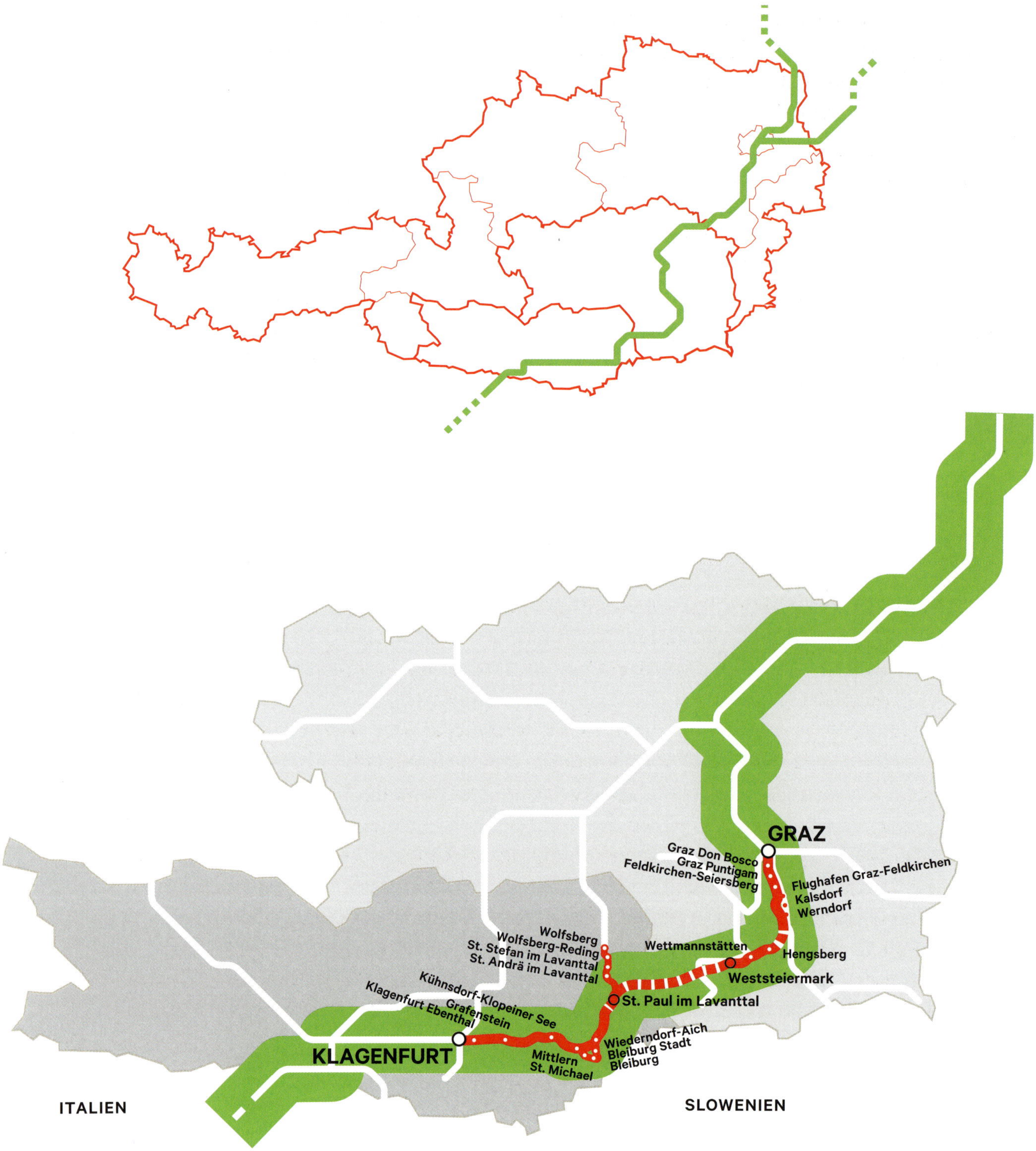


Ein Stück Österreich: die Koralmbahn als Teil der „Neuen Südstrecke"

Unkenrufe durch alle Höhen und Tiefen gegangen sind und es letztendlich zum Erfolg geführt haben. Das sind menschliche Höchstleistungen, die man im Nachhinein nicht mehr sieht, die ich tatsächlich aber sehr, sehr schätze", blickt ÖBB-Infrastruktur-Vorständin Judith Engel auf die Mühen der vergangenen Jahre zurück. Die gelernte Bautechnikerin weiß, wovon sie redet, hat sie doch selbst schon im Jahr 2000 ihre allerersten Berufserfahrungen mit dem Jahrhundertprojekt gemacht: „Ich bin dort, wo heute die Gleise liegen, auf grünen Wiesen herumgestapft, habe kartiert und Fotodokumentationen angefertigt, habe allererste Informationen vor Ort eingesammelt, um nötige Unterlagen für die Umweltverträglichkeitsprüfung zusammenzustellen", erinnert sie sich. „Damals war die Koralmbahn nicht mehr als ein dünner Bleistiftstrich auf einem Blatt Papier."

Im Unterschied zu vielen anderen zweifelte sie zu keinem Zeitpunkt an der Realisierung und „dachte niemals, dass es sinnlos ist, was wir hier tun". Sie ist, wenn man so will, damit auch zu einer Gallionsfigur des gesamten Projekts geworden. Sie zeigt, wie wichtig es ist, auch an ferne, ja utopisch klingende Ziele zu glauben und daran festzuhalten. Man kann die Koralmbahn insgesamt also getrost als Symbol für enormes Durchhaltevermögen und unbeirrbare Konsequenz betrachten – schon deshalb lohnt es sich, die Geschichte dieses Projekts zu erzählen.

Sage niemand, dass es heute keine Abenteuer mehr gibt! Jedes Buch, das etwas auf sich hält, braucht im Zentrum seines Geschehens ein packendes Drama – und genau das bietet dieses „Jahrhundertprojekt": Das Herzstück der Koralmbahn ist ein 33 Kilometer langer Tunnel. Dieses monströse Loch unter der Koralm zu graben, war nicht nur eine außergewöhnliche technische Leistung, sondern eben auch eine große, oft spektakuläre, bisweilen riskante Expedition. Nicht immer war der erfolgreiche Ausgang gewiss, es gab herbe Rückschläge, große Krisen und böse Unfälle, aber eben auch einen unerschütterlichen Entdeckergeist, der Planer:innen, Ingenieur:innen, Techniker:innen und Mineur:innen miteinander verband, ja zusammenschweißte. Tunnelbau ist noch immer brutale Bergwerksarbeit, trotz riesiger moderner und raffiniertester Technik.

Tunnelbau, das ist im Prinzip die Eroberung von Orten, die noch nie ein Mensch betreten hat, eine Reise in ein unbekanntes, fremdes, oft feindseliges Universum. Von diesen letzten großen Abenteuern unter Tage erzählt dieses Buch, und zwar mit tiefem Respekt vor der Leistung jedes und jeder einzelnen Beteiligten. „Es war eine absolute Teamleistung. Wäre Tunnelbau eine Sportart, so hätten wir mit dem Projekt wohl eine Weltmeisterschaft gewonnen", sagt Judith Engel.

Einen Tunnel wie diesen, eine Hochleistungsbahnstrecke wie diese baut man nicht einfach so zum reinen Vergnügen. Man investiert nicht riesige Summen, nur um zu sehen, was heutzutage technisch alles machbar ist. Die JOANNEUM RESEARCH Forschungsgesellschaft Graz nennt die rund 170 Jahre nach der

Semmering-Bergstrecke fertiggestellte Koralmbahn das „größte sozioökonomische Experiment seit der Ghegabahn". Dieses zugegeben große Wort hat durchaus seine Berechtigung, denn auf einen Schlag wächst durch die Bahn zusammen, was damals, beziehungsweise bis vor Kurzem durch einen hohen Berg getrennt war. Die Distanzen zwischen Klagenfurt und Graz schrumpfen nunmehr auf ein Mindestmaß, das Verhältnis zweier Bundesländer zueinander wird völlig neu definiert. In Zeiten, in denen allerorts neue Grenzen und Barrieren errichtet werden, baut die Koralmbahn diese ab. Ganz ohne Pathos: Diese Bahnlinie stärkt als neue, nationale Lebensader den Zusammenhalt ganz Österreichs. Sie bringt den lange Jahre benachteiligten Süden näher an den Osten und damit an das Zentrum der Republik. Das ist nicht hoch genug zu schätzen in einer Zeit, in der Gegeneinander und kleinliche Konkurrenz oft stärker betont werden als gedeihliches Miteinander.

Nicht nur auf nationaler, auch auf internationaler Ebene ist die Bahnlinie aber im wahrsten Wortsinn „völkerverbindend". Denn die Koralmbahn ist zentraler Teil des Baltisch-Adriatischen Korridors, eines Bahnsystems, das die Ostsee mit der Adria verbindet. Polen, Tschechien, Österreich und Italien rücken durch dessen Ausbau näher zusammen. Wenn auch Zugfahren quer durch den Kontinent heute noch die Ausnahme darstellt, so ist es doch offensichtlich, dass Fernreisen per Schiene eine große Zukunft haben. Die Erreichung der Klimaziele, die EU-weit vereinbarte Verkehrs- und Energiewende sind ohne massive Stärkung auch des Bahnfernverkehrs undenkbar. Die Schiene hat in den vergangenen Jahren und Jahrzehnten einen enormen Imagewandel durchgemacht, sie wurde vom Stief- zum Liebkind der Verkehrsplanung. Sie ist ein, wenn nicht der Hoffnungsträger für eine bessere, gesündere, nachhaltigere Welt geworden. Das gilt insbesondere auch für den Transport von Gütern. Gerade sie können – und müssen! – durch neue Strecken wie die Koralmbahn verstärkt auf die Schiene gebracht werden.

Tatsächlich ist unser Jahrhundertprojekt ein Prototyp dafür, wie es gehen kann und was alles machbar ist. Es zeigt exemplarisch, dass mutige und damit hohe Investitionen nötig und sinnvoll sind, um ein großflächiges Umschwenken in Richtung Ökologie einzuleiten. Es zeigt auch, dass bei sachgerechter Planung und Bauausführung die Kosten stabil bleiben können und nicht zwangsläufig aus dem Ruder laufen müssen. Das Projekt weist, wieder ohne falsches Pathos, den Weg in eine neue, bessere Verkehrszukunft.

Freilich sind aus dem vom Rechnungshof gelobten Ankerprojekt auch einige Lehren zu ziehen, wie zukünftige Bauvorhaben noch besser abgewickelt werden könnten. „Eine gesicherte Finanzierung von Anfang an" wäre etwa ein erklärter Wunsch der Infrastruktur-AG-Vorständin, auch „politische Einigkeit würde viel helfen", glaubt sie und spricht damit indirekt die oftmaligen Reibereien und Doppelgleisigkeiten zwischen Bund und Ländern an. Die Hoffnung, dass Ge-

Blick von der Koralm nach Deutschlandsberg (o.)
Tunnelbau als Herkulesaufgabe (li. u.)
Koralmbahn-Zeitzeugin: ÖBB-Infrastruktur-Vorständin Judith Engel (re. u.)

Gipfelregion der Koralm: der Große Speikkogel (2.140 Meter), gekrönt von zwei Radarkuppeln

nehmigungsverfahren in Zukunft gestrafft und vereinheitlicht abgewickelt werden können, lebt und würde, nebenbei bemerkt, helfen, die Kosten nochmals signifikant zu senken.

Auch andere Lehren werden aus diesem österreichischen Vorzeigeprojekt gezogen. Beim Tunnelbau selbst bewegte sich das Team hart an der Forschungsfront – viele wertvolle Erfahrungen können nun in Folgeprojekte einfließen. Koralmtunnel und Koralmbahn sind Vorzeigestücke österreichischer Ingenieurskunst und werden als solche viele Jahre und Jahrzehnte nachwirken. Man kann daran, wie die Trasse gemeinsam mit den Regionen entwickelt wurde, viel über praktizierte Bürger:innenbeteiligung und gelungene Partizipation lernen – auch davon handelt dieses Buch.

Was aber können all jene aus dem Projekt lernen, die bislang wenig bis gar nichts mit der Eisenbahn anfangen konnten und wollten? „Sie sollten", rät Judith Engel, „einfach nur den Fahrplan lesen." Man könnte eingefleischten Autofahrer:innen auch raten, eine Bahn-Probefahrt zu unternehmen, um ernsthaft vergleichen zu können, was denn letzten Endes die bequemere Reisevariante darstellt. Vielleicht ist ja ein entspannter Zugausflug ein erster Einstieg zur Entdeckung der schönen neuen Eisenbahnwelt. Eine Reise nach Klagenfurt, zum Wörthersee, zum Klopeiner See oder ins steirische Schilcherland beispielsweise. Alles kein Problem, alles ganz nah und nur mehr einen Katzensprung von Wien entfernt.

Vielleicht hilft dieses Buch ja auch dabei, so manches Vorurteil gegenüber der Bahn zu beseitigen. Es will zeigen, dass nicht nur die Koralmbahn, sondern die Bahn insgesamt ein zeitgemäßes, modernes und unendlich wichtiges Verkehrsmittel ist, dessen Bedeutung in Zukunft sicher noch weiter wachsen wird.

**In diesem Sinne: Alles einsteigen in die Koralmbahn! Alle Signale auf Grün und „Bahn frei!"**

Die neue Jauntalbrücke
über die Drau

Blick über Drau, Drauquerung und Gurkmündung nach Westen

# AUS DEM NICHTS: VON DER IDEE BIS ZUM KORALM-VERTRAG

## Die Südbahn in der Monarchie und zwischen den Kriegen

Wo und wann beginnt das Koralm-Epos? Soll man die Erzählung in der Ur-, Früh- oder Steinzeit der Bahn-Ära beginnen lassen? Muss man alle Legenden und Gründungsmythen erfassen und sie zu einem großen, epochenübergreifenden Werk zusammenführen? Nun, ein Bauwerk dieser Dimension entsteht nicht „aus dem Nichts". Es hat mehrere, ja viele Anfänge.

Die Idee, so viel ist sicher, entstand nicht aus purer Lust am Graben langer Löcher, sondern fußt auf gegebenen geografischen und historischen Grundlagen, auf gesellschaftlichen Bedürfnissen sowie auf politischen und ökonomischen Verhältnissen.

Schon in Zeiten der K.-u.-k.-Monarchie wuchs das Bahnnetz Jahr für Jahr. Die private Südbahn-Gesellschaft betrieb ein weitläufiges Streckennetz, der Adriahafen Triest war mit der Metropole Wien über die Strecke Semmering–Bruck/Mur–Graz–Spielfeld–Marburg/Maribor–Steinbrück/Zidani Most–Laibach/Ljubljana verbunden; von Marburg zweigte die Strecke durch das Drautal über Klagenfurt nach Villach ab. Der Süden war aus damaliger Sicht gut genug an den Norden, das Zentrum der Donaumonarchie, angeschlossen, Klagenfurt mit Graz verbunden. 1868/69 erhielt Kärnten durch die Kronprinz-Rudolfs-Bahn über das Murtal, Judenburg und den Neumarkter Sattel sogar noch eine zweite Bahnachse von und nach Norden. Die Konkurrenz durch den „motorisierten Individualverkehr" war noch lange kein Thema, die Bahn

Gustav Hammerschmid, der erste Generaldirektor der „Hochleistungs-AG", war ein Koralmbahn-Pionier.

war Transport-Monopolist und der dringende Bedarf einer direkten Schnellverbindung zwischen Graz und Klagenfurt einfach nicht gegeben. *Immerhin,* so schreibt der Eisenbahnhistoriker Elmar Oberegger, *spielte in den 1880er Jahren die private Köflacher Bahn mit dem Gedanken, ihren* (noch heute bestehenden, Anm.) *Wieser Zweig über den Radlpass bis zur Linie Maribor–Klagenfurt zu verlängern.* Daraus geworden ist – so wie auch aus anderen Überlegungen – freilich nichts.

Immerhin rückte man von beiden Seiten der Koralm bzw. Koralpe näher. Dieser markante Höhenzug, über den hier noch viel geredet werden wird, trennt die Steiermark von Kärnten, erstreckt sich von Lavamünd im Süden bis zum Packsattel im Norden und erreicht mit dem Großen Speikkogel eine stolze Höhe von 2.140 Metern über der Adria (mehr dazu siehe Kapitel 5, „Mittendrin", S. 107, sowie Kapitel 7, „Nichts wie hin", S. 155).

Die 1855 gegründete Graz-Köflacher Bahn führte schon ab 1873 Züge über den am Ostabfall des Koralmmassivs gelegenen Bezirkshauptort Deutschlandsberg zu den Glanzkohle-Abbaustätten von Pölfing und Wies. Wolfsberg, auf der westlichen, Kärntner Seite der Koralm im Lavanttal gelegen, wurde von der Bahn ab 1879 erreicht. Damit war die Koralm schon vom Zugfenster aus zu sehen, sowohl von Westen wie von Osten!

Der Erste Weltkrieg veränderte dann aber alles. Österreich wurde zum Kleinstaat und das k. u. k. Schienennetz auf verschiedene, neu entstandene Länder bzw. Bahngesellschaften aufgeteilt. Die Verbindung von Graz nach Klagenfurt führte nun – denkbar problematisch – über das Königreich Jugoslawien oder mit stundenlangem Umweg über den Neumarkter Sattel. So erscheint es logisch, dass erste Ideen für eine bessere Verbindung zwischen Graz und Klagenfurt, zwischen der Steiermark und Kärnten ventiliert wurden. Der Geograf Harald Eicher spricht in seinem Buch *Kärnten – Deine Wege* von einer ersten, 1923 bis 1926 erstellten Machbarkeitsstudie für eine Bahnstrecke mit 30 kleineren Tunneln im Koralmgebiet sowie zwei längeren Tunneln im Kärntner Granitztaler Bergland. Die Zeitschrift der Graz-Köflacher Bahn verlangte bereits 1930 explizit den Bau einer „Koralmbahn", nicht zuletzt aus beschäftigungspolitischen Motiven. Freilich blieben diese ersten Ideen ohne Chance auf Realisierung. In der Zeit des NS-Regimes und des Zweiten Weltkriegs wurden erst recht keine neuen Bahnen gebaut. Ganz im Gegenteil: Eisenbahninfrastruktur wurde zerbombt und zerstört. Auch die Bahnhöfe von Graz und Klagenfurt wurden gegen Ende des Krieges schwer getroffen und mussten nach 1945 weitgehend neu errichtet werden.

## Nachkriegszeit, Wirtschaftswunder und die erste Bahn-Renaissance

In den späten 40er- und 50er-Jahren des 20. Jahrhunderts war es das vorrangige Ziel, wieder einen funktionierenden Bahnverkehr auf Schiene zu bringen. Kriegsschäden wurden beseitigt, Strecken repariert und Bahnhöfe neu gebaut. In der Zeit des beginnenden Wirtschaftswunders und des rasant zunehmenden Autoverkehrs *ging die Streckenlänge der Eisenbahnen in Österreich (ÖBB und Privatbahnen) laufend zurück*, konstatiert Eisenbahnexperte Walter Brenner in seiner Arbeit zu Hochleistungsstrecken in Österreich. Und Gustav Hammerschmid, Vorstand der Hochleistungs-AG (HL-AG) von der Gründung 1989 bis 1996, erinnert sich, dass „die Bahn in den 60er-Jahren insgesamt als verloren galt". Zwar wurden die Hauptstrecken sukzessive elektrifiziert, doch neue Bahnstrecken wurden nicht gebaut – mit einer einzigen Ausnahme: Die Kärntner Jauntalbahn wurde 1964 eröffnet. Errichtet wurden die 20 Kilometer zwischen Bleiburg und St. Paul im Lavanttal, um die über das jugoslawische Dravograd/Unterdrauburg führende Verbindung vom Lavanttal nach Klagenfurt zu ersetzen. Erwähnenswert ist dies deshalb, weil Teile dieser Strecke seit 2023 in die Trasse der neuen Koralmbahn integriert sind. Auch die annähernd 100 Meter hohe Jauntalbrücke über die Drau, die die aktuelle Koralmbahn trägt, stammt aus dieser Bauphase (siehe dazu auch Kapitel 3, „Hoch hinaus", S. 47).

## Erste Pläne für eine neue Südbahn

Vom Grazer TU-Professor Karl Klugar stammt eine Reinzeichnung aus dem Jahr 1985 mit dem Titel *Koralpenbahn Graz-Klagenfurt, Pilotstudie*. Klaus Rießberger, Klugars Nachfolger am Grazer Lehrstuhl für Eisenbahnwesen, hatte an diesen ersten ernsthaften Überlegungen mitgearbeitet, verfeinerte die Planungen seines Vorgängers und entwickelte sie weiter. In seiner Antrittsvorlesung am 23. April 1985 thematisierte er – neben dem Semmering-Basistunnel – bereits die „Eisenbahnspange SÜD (Koralpenbahn)" und schrieb ihr „größte Bedeutung für den Süden Österreichs" zu. 1996 bis 1998 wurde an seinem Institut eine Studie zur Trassenauswahl erstellt. In den folgenden Jahren argumentierte Rießberger vielerorts für den Bau der neuen Südbahn, referierte in Wirtshäusern wie in großen Veranstaltungssälen und wurde zu einem überzeugten Missionar des Glaubens an die neue, schnelle Bahnverbindung zwischen Graz und Klagenfurt. „Ich betrachte mich schon auch zu einem maßgeblichen Teil als einen der Väter der Koralmbahn", sagt Rießberger, Jahrgang 1941, heute im Interview. Seine Bemühungen wurden übrigens, so betont er, bald einmal von den steiermärkischen Landtagsabgeordneten Reinhold Purr (ÖVP) und Walter Kohlhammer (SPÖ) unterstützt.

Der schon erwähnte Vorstand der HL-AG Gustav Hammerschmid war ebenfalls von Anfang an mit dabei. In den 60er-Jahren des 20. Jahrhunderts arbeitete der 1938 geborene Kriegswaise als junger Fahrdienstleiter in der Steiermark. Und erinnert sich, dass schon damals, als auf der gesamten Südstrecke noch mit Dampf gefahren wurde, eingefleischte Eisenbahner von der Idee sprachen, „einen Tunnel durch das Koralmmassiv" zu treiben. Hammerschmid hielt die Idee vorerst für utopisch, da in den 60er- und 70er-Jahren die meisten Investitionen bekanntermaßen in Straßen flossen.

Hammerschmid hatte neben seinem Job Jus studiert, machte Karriere, wurde Mitarbeiter in den Kabinetten der SPÖ-Verkehrsminister Karl Lausecker, Ferdinand Lacina und Rudolf Streicher. Um nicht zur „Langsamfahrstelle Europas" zu werden, gab Lacina eine Studie mit dem Titel *Konzeption und Erarbeitung der Planungsvorgaben für das Hochleistungsstreckennetz Österreichs* in Auftrag; unter Streicher wurde ein erster Entwurf eines solchen Netzes realisiert. Im „Wendejahr" 1989 wurde schließlich die HL-AG gegründet und von den ÖBB abgekoppelt. Die neue Planungsgesellschaft hatte die konkrete Aufgabe, dieses Netz zu planen und nach Möglichkeit auch zu errichten, Gustav Hammerschmid wurde ihr erster Generaldirektor. Allerdings waren, so erinnert sich der Ex-Manager, in den ersten Jahren der „Ostöffnung" weder Koralmbahn noch Koralmtunnel geplant, erst Verkehrsminister Streicher beauftragte die „Machbarkeitsstudie Süd-Ost-Spange", die prompt heftig diskutiert wurde.

# Die Koralmbahn einst und jetzt

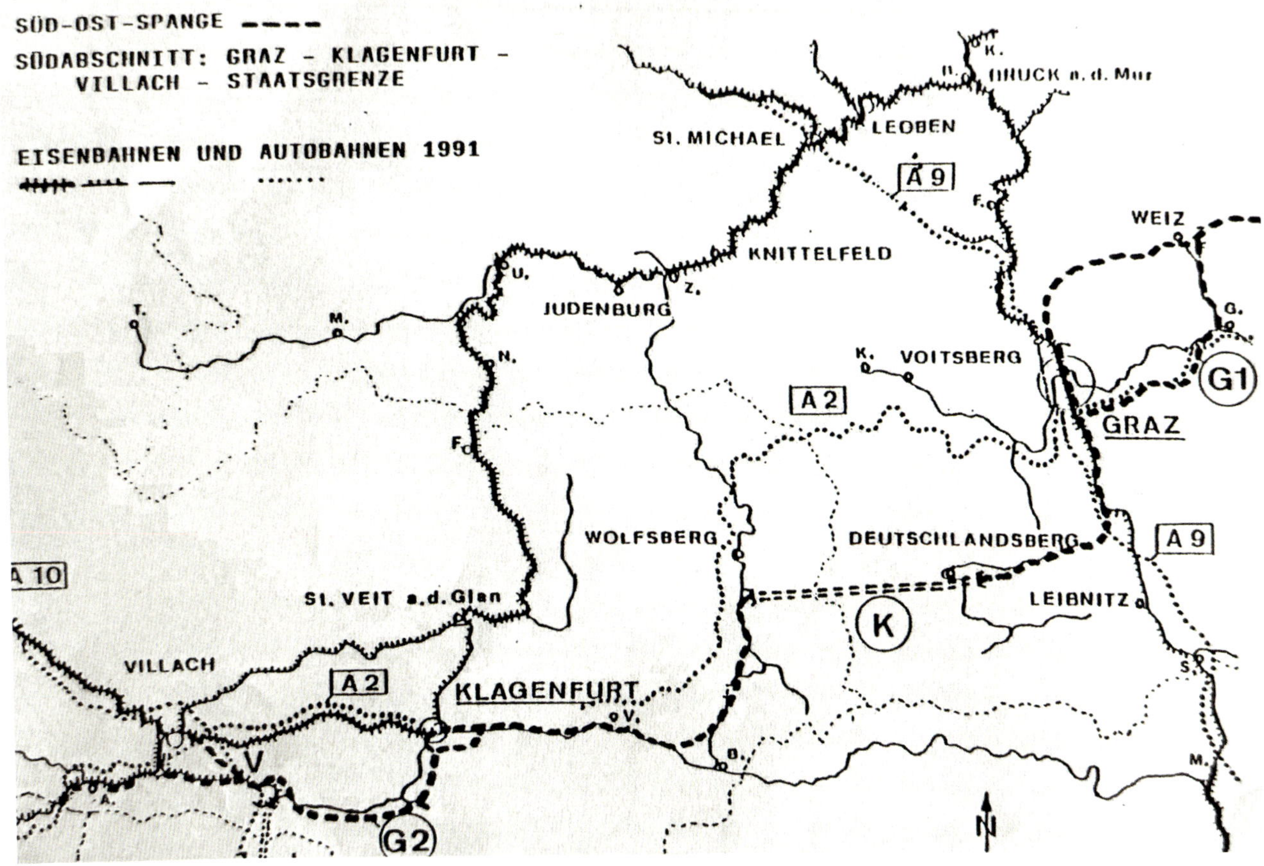


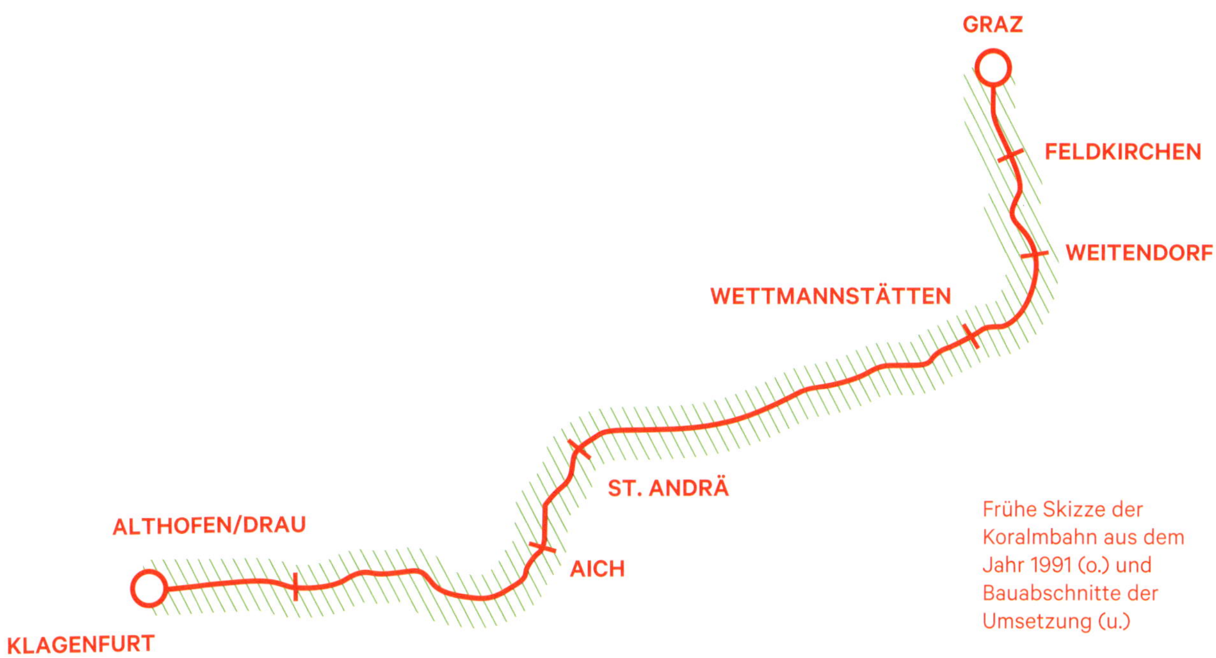


Frühe Skizze der Koralmbahn aus dem Jahr 1991 (o.) und Bauabschnitte der Umsetzung (u.)

Diese neue Bahnspange sollte von Wien über den Flughafen Schwechat, Eisenstadt und das Südburgenland und weiter über Hartberg nach Graz führen und damit die Semmeringstrecke umfahren. Für den „Süd"-Teil schlug die Studie die von Klugar bzw. Rießberger angedachte Neubaustrecke zwischen Graz und Klagenfurt vor. Und zwar auf einer Trasse, die dem heutigen Verlauf der Koralmbahn schon ziemlich nahekommt. Die dabei *unvermeidbare Querung des rund 2.140 Meter hohen Koralpenmassivs mit einem rund 31,6 Kilometer langen Basistunnel* wird darin aber noch mit gehörigem Respekt angesprochen: *Die Planung und Bauausführung dieses beachtlichen Tunnels stellt ein spezielles Problem dar, das noch sehr eingehender, geologischer, bautechnischer, ökologischer, eisenbahnbetrieblicher und grundsätzlicher Untersuchungen bedarf, aber technisch lösbar wäre.*

## Die Sache wird ernst – und ernsthaft kritisiert

Neben Semmeringumfahrung und Süd-Ost-Spange wurde auch darüber nachgedacht, die schnelle Nord-Süd-Verbindung über die Slowakei, Ungarn, Kroatien und Slowenien zu führen; 1994 wurde sogar eine grenznahe Trasse zwischen Ungarn und Slowenien paktiert. Eine weitere Überlegung war, Graz mit einem Ausbau der vorhandenen Strecke über Maribor und das Drautal näher an Klagenfurt zu rücken, doch das neu entstandene, kleine Slowenien war daran wenig interessiert. Es gab kaum Bewegung und viele Konflikte: Der niederösterreichische Landeshauptmann Erwin Pröll (ÖVP) wehrte sich mit polit-taktischer Raffinesse gegen den Bau des Semmering-Basistunnels, was die Koralm-Ambitionen vorerst bremste. Wien war Koralm-skeptisch und auch die ÖBB selbst, vorsichtig formuliert, vom Projekt nicht sehr angetan. Man fürchtete exorbitante Kosten bei zu geringem Nutzen.

Heftiger Druck pro Koralmtunnel und Neubaustrecke kam nur aus den südlichen Bundesländern. Ex-HL-AG-Boss Hammerschmid erzählt, dass er in der Causa Südachse spätestens ab 1992 „regelmäßig Besuch aus Kärnten und der Steiermark" bekam. Diese beiden Länder, die sich seit jeher von der Bundesregierung in Wien im Stich gelassen fühlten, zogen an einem Strang. Hammerschmids Interesse wuchs, denn „für mich als Verkehrsmensch war die Idee, Wien, Graz und Klagenfurt über eine schnelle, neue Achse zu verbinden, schon interessant. Graz war ja nach dem Krieg in eine verkehrspolitische Sackgasse geraten, das wollten wir ändern". Mitte der 90er-Jahre begann die HL-AG schließlich mit konkreten Planungsarbeiten sowie mit Öffentlichkeitsarbeit, denn „wir wussten, wir müssen nicht nur im Süden von Graz durch hochsensibles Gebiet mit hoher Bevölkerungsdichte". Ein Büro in Graz wurde eingerichtet, Landesbeamt:innen und Bürgermeister:innen auf beiden Seiten der Koralm besucht und ins Projekt eingebunden. 1994 erklärte Verkehrsminister Viktor Klima (SPÖ) die Süd-Ost-Span-

Oben: Der emeritierte Grazer TU-Professor Klaus Rießberger war ein wichtiger „Vater der Koralmbahn“. Unten: Drei Politiker:innen, drei Interessenlagen: Verkehrsminister Caspar Einem (li.), die steirische Landeshauptfrau Waltraud Klasnic (Mitte) und Niederösterreichs LH Erwin Pröll (re.)

ge zur „Hochleistungsstrecke". Basis aller weiteren Aktivitäten war schließlich das Bundesgesetzblatt Nr. 597/1995. In einer sogenannten „Hochleistungs-Übertragungs-Verordnung" wurde die HL-AG beauftragt, weitreichende Planungsschritte zu setzen und das Projekt baureif zu machen.

Freilich: Es wurde weiter fleißig gestritten. Verkehrsminister Caspar Einem (SPÖ), der für die neue Bahn inklusive Koralmtunnel kämpfte, hatte mächtige Gegner. Nicht nur die *Kronen Zeitung*, auch die Wiener SPÖ, ÖBB-GD Helmut Draxler, ja sogar Eisenbahnergewerkschafter Wilhelm Haberzettl waren gegen das – zugegeben teure – Neubauprojekt. Heftige Widerstände kamen auch aus der steirischen Eisenbahnmetropole Knittelfeld. Dort war man ernsthaft besorgt über, fürchtete sogar eine Totalsperre der Strecke über den Neumarkter Sattel nach Kärnten. Zu guter Letzt polemisierte auch der frühere SPÖ-Vizekanzler und Finanzminister Hannes Androsch gegen das Projekt, witzelte noch anno 1999 mit spitzer Zunge, die „Koralmbahn müsse wohl sein, denn sie verbindet ja die Weltstädte Graz und Klagenfurt". Freunde machte sich der zum Industriellen gewandelte Androsch mit solchen Bonmots freilich weder in Kärnten noch in der Steiermark.

## Welcher Weg ist der richtige?

Ab 1992 wurden auf EU-Ebene die zu entwickelnden transeuropäischen Netze verhandelt und verankert; die Koralmstrecke bzw. die gesamte innerösterreichische Süd-Achse war darin aber nicht enthalten (mehr zur internationalen Dimension in Kapitel 6, „Voll vernetzt", S. 131). Trotzdem plante die HL-AG unverdrossen weiter. Und holte einen ambitionierten jungen Mann an Bord: Klaus Schneider wurde 1997 zum Projektleiter bestellt. Er hatte schon als Assistent bei Professor Rießberger an der Süd-Ost-Spangen-Studie mitgearbeitet und warf sich nun in die Schlacht um die Koralm. Schneider umschiffte im Laufe der Jahre alle Klippen, Widerstände und Intrigen und konnte nach 28 Jahren Knochenarbeit im Spätherbst des Jahres 2025 das 5,9 Milliarden Euro schwere Projekt eröffnen – er trägt damit den Ehrentitel „Mister Koralmbahn" (mehr dazu im Interview, S. 36).

Seine erste Aufgabe war es, das Trassenauswahlverfahren zu koordinieren. 1997 war ja noch keineswegs klar, wie die Strecke tatsächlich verlaufen sollte. Nur die nördlichsten und südlichsten Varianten über Köflach–Voitsberg bzw. über Maribor waren schon ausgeschieden. Einige große Infrastrukturprojekte wie das AKW Zwentendorf oder das Donaukraftwerk Hainburg waren durch massiven Bürger:innenprotest verhindert worden, folglich waren die ÖBB bzw. die HL-AG alarmiert und suchten neue Wege der Entscheidungsfindung. Neben Expert:innen sollten auch Anrainer:innen, Bürger:inneninitiativen und NGOs in die Planung eingebunden werden. *Diese aufwendige Methode*, schreibt

Alfred Nagelschmied (li.), Andreas Tropper (re.): Die beiden hohen Beamten kämpften auf Seite der Steiermark für die Koralmbahn.

der Ziviltechniker Bernhard Kohl in einem Aufsatz mit dem Titel *Trassenauswahl im Spannungsfeld der Interessen* könne zwar *Konflikte nicht verhindern, trägt aber wesentlich zur Entwicklung leichter akzeptierbarer Lösungen bei, wenn sich beide Seiten darauf einlassen*. Kohl formulierte, dass Projekte dieser Dimension nur dann gelingen könnten, wenn *in allen Planungsphasen frühzeitig allen Beteiligten die Möglichkeit geboten wird, eigene Vorschläge einzubringen, die unter Wahrung der Planungsgrundsätze ernsthaft geprüft und übernommen oder begründet abgelehnt werden*. Gemeinde- und Regionsforen sowie regionale Info-Büros wurden also ins Leben gerufen, um die in Summe 17 Trassenvarianten vor Ort diskutieren zu können. Wie Kohl schildert, wurden allein in Aich-Althofen 45 Infoveranstaltungen abgehalten.

Information ist alles: „Infoboxen" entlang der Baustellen-Trasse zeigen Trassenverläufe und Planungsschritte (o.), beim Tag der offenen Tür wird der neue Bahnhof Weststeiermark präsentiert (u.).

Unvermeidbar aber war und ist in jedem Fall, dass die wichtigsten handelnden Personen „miteinander können", dass die Projektverantwortlichen soziale Intelligenz und diplomatisches Geschick besitzen – Qualitäten, die bei Projektleiter Schneider offensichtlich in hohem Maße vorhanden sind. Sein Bemühen sei es gewesen, „niemals drüberzufahren, sondern konsensual und transparent zu agieren". Wobei für ihn auch stets klar gewesen sei, dass die HL-AG bzw. die ÖBB die Letztentscheider sein müssten, da sie ja die Gesamtverantwortung für das Gelingen des Projekts trugen. Vermutlich hatte Schneider auch einfach das nötige Glück, im eigens eingerichteten überregionalen „Lenkungsausschuss" (später „Projektbegleitende Arbeitsgruppe", kurz PAG) aufgeschlossene Verhandlungspartner zu finden: Sprecher des Lavanttals war der ehemalige Lehrer und Bürgermeister von St. Andrä und spätere Nationalratsabgeordnete Peter Stauber (SPÖ). Im steirischen Bezirkshauptort Deutschlandsberg entpuppte sich der Vermessungstechniker, Jurist und Eisenbahnfreund Josef Wallner (SPÖ), ab 2000 Bürgermeister der Stadt, als kritischer, aber konsensbereiter Gesprächspartner. Beide loben im Nachhinein die ehrliche Informationsarbeit, die in den monatlichen Sitzungen der PAG geleistet wurde. Ganz so friedlich, wie heute gern erzählt wird, ging es in diesen Sitzungen aber wohl nicht zu. Besonders mit den Vertreter:innen des Bundes „stritten wir heftig, auch um Kleinig- und Kleinstigkeiten", erzählt Andreas Tropper, Landesbaudirektor der Steiermark. Auch er war, so wie Schneider, einst ein Rießberger-Assistent und später als zentraler Verhandler am Erfolg des Gesamtprojekts entscheidend beteiligt.

## Politische Wende als Wende für die Koralmbahn

Glück, wenn man das in diesem Zusammenhang sagen darf, hatten Schneider und sein Team mit dem Wechsel der politischen Großwetterlage um das Jahr 2000. Waltraud Klasnic (ÖVP) kämpfte als erste „Frau Landeshauptmann" Österreichs zwar vergeblich um den Semmering-Basistunnel, warf sich aber umso heftiger für das Koralm-Projekt ins Zeug. Ihr zur Seite stand Jörg Haider (FPÖ, später BZÖ), der 1999 zum zweiten Mal den Thron des Kärntner Landeshauptmanns erklommen hatte. Anfangs noch skeptisch, sah er bald das politische Potenzial, das in dem Projekt schlummerte, und nutzte es zum Mobilisieren und Agitieren.

Zu diesem schwarz-blauen Bündnis auf Landesebene kam ab Jänner 2000 die erste schwarz-blaue Bundesregierung. Bundeskanzler Wolfgang Schüssel (ÖVP) war „auch nicht von Anfang an für das Koralm-Projekt, das war eine Frage der Überzeugungsarbeit", erzählt Klasnic im Interview. „Wir wollten den Semmeringtunnel, wir wollten rascher nach Wien, aber auch durch die Koralm in den Klagenfurter Zentralraum und vor allem runter zum Meer", sagt sie und hält fest, dass ihr die damals projektierten Baukosten von umgerechnet 5,4 Milliarden Euro „keine Sorgen“ gemacht hätten, denn „man muss ja nicht bei der Steiermark zu sparen beginnen. Noch dazu, wenn man weiß, was in anderen Bundesländern alles gebaut wurde.“

Die Geschichte nahm ihren Lauf: Haider übte Druck aus, Gelder vom noch immer blockierten Semmering-Basistunnel auf die Koralm umzuschichten. In Walter Kleindels Lexikon *Österreich. Daten. Zahlen. Fakten* liest sich das so: *16. Jänner* (2001, Anm.). *Der Kärntner Landeshauptmann Jörg Haider (FPÖ) stellt Verkehrsministerin Monika Forstinger (ebenfalls FPÖ) ein Ultimatum, innerhalb von drei Tagen für eine Klarstellung wegen der Errichtung des Koralmtunnels zwischen Kärnten und der Steiermark zu sorgen, ansonsten er ein Problem für die Koalition sehe.* Folgerichtig berichtet die Tageszeitung *Der Standard* am 19.01.2002: *Monika Forstinger (FP) hat sich von Kärntens Landeshauptmann Jörg Haider (FP) ein Ja zur Koralmbahn abringen lassen (...). Noch wenige Tage davor hatte Forstinger für eine Nachdenkpause beim Ausbau der Südbahn plädiert, was ihr prompt harsche Kritik durch den Kärntner Landeshauptmann eingetragen hatte.* Haider hatte ein „Stück des Kuchens“ der Infrastrukturgelder des Bundes für Kärnten verlangt, nun konnte er sich bei der Ministerin mit einem ganzen Guglhupf bedanken und übergab ihn medienwirksam vor laufenden Kameras. Das Foto machte Geschichte. Ebenso medienwirksam begannen die Kärntner im März desselben Jahres mit Vorarbeiten an der ersten Baustufe der Koralmbahn östlich von Klagenfurt. Kritiker nannten den feierlichen Baustart einen „PR-Gag“. Faktum ist aber, dass damit ein erster Schritt gesetzt wurde und die Koralmbahn ab diesem Zeitpunkt in Kärnten als „Haider-Bahn“ firmierte.

## Der Vertrag von 2004

Nun ging es Zug um Zug voran. Die Unterlagen zur Umweltverträglichkeitsprüfung (UVP) für die zentralen 41 Kilometer vom steirischen Wettmannstätten durch den Koralmtunnel hinüber ins Kärntner St. Andrä wurden im März 2002 eingereicht. Die Koralmbahn war das erste Projekt überhaupt, das einer UVP unterzogen wurde; insgesamt prüften 27 Gutachter:innen das Megaprojekt und verordneten strengste Auflagen.

Im Herbst 2003 konnten erste große Erkundungsbaulose gestartet werden; die beiden Landeshauptleute machten weiter Druck, forderten Anfang 2004 bei einer gemeinsamen Pressekonferenz einen „beschleunigten Ausbau“ von Koralmbahn und -tunnel sowie eine Aufnahme des Projekts in den ÖBB-Rahmenplan. Die Infrastrukturminister wechselten in den folgenden Jahren in rascher Folge: Auf die glücklose Forstinger folgte Matthias Reichhold (FPÖ) und auf diesen 2003 Hubert Gorbach (FPÖ, später BZÖ). Unter Reichhold wurden kleinere Abschnitte in der Steiermark sowie in Kärnten zum Bau freigege-

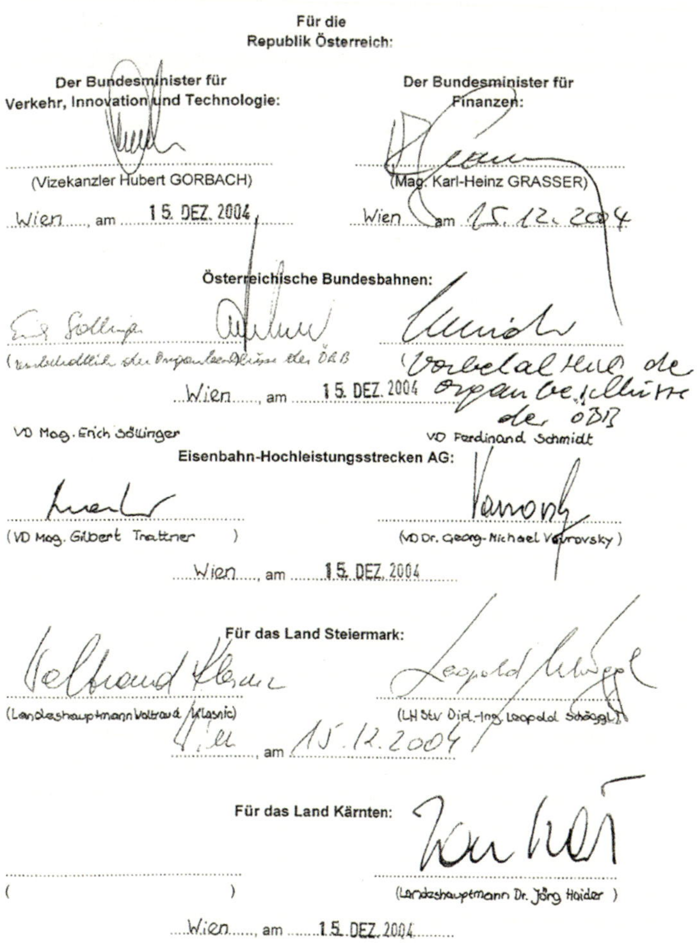

Für die
Republik Österreich:

Der Bundesminister für
Verkehr, Innovation und Technologie:

(Vizekanzler Hubert GORBACH)

Wien, am 15. DEZ. 2004

Der Bundesminister für
Finanzen:

(Mag. Karl-Heinz GRASSER)

Wien, am 15. 12. 2004

Österreichische Bundesbahnen:

Wien, am 15. DEZ. 2004

VD Mag. Erich Söllinger

VD Ferdinand Schmidt

Eisenbahn-Hochleistungsstrecken AG:

(VD Mag. Gilbert Trattner )

(VD Dr. Georg-Michael Vavrovsky )

Wien, am 15. DEZ. 2004

Für das Land Steiermark:

(Landeshauptmann Waltraud Klasnic)

(LH Stv. Dipl.-Ing. Leopold Schöggl)

Wien, am 15. 12. 2004

Für das Land Kärnten:

( )

(Landeshauptmann Dr. Jörg Haider )

Wien, am 15. DEZ. 2004

Wertvolles Papier: der Koralmbahn-Vertrag aus dem Jahr 2004 (o.). Kärntens LH Jörg Haider und Waltraud Klasnic sind begeistert: Der Vertrag ist unterzeichnet (u.).

ben, eine „Salamitaktik“, die letztendlich Ende 2004 in der Unterzeichnung des Koralm-Vertrags mündete. Wichtige Vorarbeiten hatten der Kärntner „Landesjurist“ Albert Kreiner sowie auf steirischer Seite Andreas Tropper geleistet, nun aber kam die hohe Politik zum Zug.

Noch kurze Zeit vor Unterzeichnung hatte sich Finanzminister Karl-Heinz Grasser (FPÖ, später parteilos), Spross eines Klagenfurter Autohändlers, laut Zeitzeugen den Bau der Koralmbahn nicht im Entferntesten vorstellen können, war aber wie so viele andere von seinem Mentor Haider überzeugt worden. Er lud die Vertreter:innen der Länder kurz vor seiner Abreise auf die Malediven überraschend nach Wien ins Ministerium in der Himmelpfortgasse. Für die kurzfristig vereinbarte Vertragserstellung war lediglich eine Stunde Zeit anberaumt. Die ÖBB vertraten Finanzvorstand Erich Söllinger und Güterverkehrsvorstand Ferdinand Schmid, die HL-AG die Vorstände Gilbert Trattner und Michael Vavrovsky. Für Waltraud Klasnic war zur Vertragsunterzeichnung ihr Stellvertreter Leopold Schöggl gemeinsam mit Andreas Tropper angereist. Die Landeshauptleute selber sowie Vizekanzler und Infrastrukturminister Hubert Gorbach unterzeichneten in den folgenden Tagen.

Zustande gekommen war das historische Dokument letztlich, weil sich Kärnten und die Steiermark bereit erklärt hatten, sich mit je 140 Millionen Euro an den Kosten zu beteiligen. Der Baubeginn wurde auf 2008 vorgezogen, die Fertigstellung für 2016 „sichergestellt“. Jörg Haider verkündete bei der Pressekonferenz zur Feier des Vertrags: „Jetzt fährt der Zug drüber, dass der Koralmtunnel Realität wird.“ Alle Signale standen auf Grün. Am 1. Jänner 2005 wurde die Koralmbahn in den Rahmenplan der ÖBB aufgenommen; im Februar folgte die Trassenverordnung durch den Infrastrukturminister (weitere Einzelheiten zu Entstehungs- und Baugeschichte in Kapitel 4, „Tief hinein“, S. 77).

Ein weiter Weg: von den ersten Tunnel-Probebohrungen im Jahr 2002 … (o.)
… bis zur riesigen Bahn-Baustelle Leibenfeld nahe Deutschlandsberg (u.)

INTERVIEW

## „Ich ziehe es durch“

Klaus Schneider ist der „Mister Koralmbahn“. Seit 1997 mit dem Jahrhundertprojekt betraut, erlebte er alle nur vorstellbaren Höhen und Tiefen – und brachte das gewaltige Vorhaben schließlich zu einem erfolgreichen Ende. Er arbeitete zunächst als Universitätsassistent und promovierte schließlich bei Klaus Rießberger am Institut für Eisenbahnwesen an der TU Graz zum Doktor der Technischen Wissenschaften. Er leitete die Abteilung Verkehrsplanung in einem Ingenieurbüro in Feldkirch (Vorarlberg), stieß 1997 zur HL-AG, kam danach zur ÖBB-Infrastruktur AG. Von 1997 bis zur Inbetriebnahme liefen bei ihm die Fäden von Planung und Bau zusammen.

Auf der Ablage hinter seinem Schreibtisch liegen Gesteinsbrocken vom ersten wie vom zweiten Tunneldurchschlag, ein Bohrkern, ein Originalspaten sowie ein Schienenstück: „Das stammt“, erzählt der drahtige Manager, „vom letzten Schienenschluss der Koralmbahn zwischen Bahnhof Weststeiermark und Graz. Ich war dabei, als es heruntergeschnitten wurde.“

*Wie war das? Wann haben Sie das erste Mal das Wort „Koralmtunnel" gehört?*
Das war ungefähr um das Jahr 1990, ich war noch Universitätsassistent. Damals wurde die Machbarkeitsstudie zur Süd-Ost-Spange fertiggestellt. An dieser Studie, einer ersten Voruntersuchung zum Thema Koralmbahn, habe ich final noch ein bissl mitschnuppern dürfen. Das Thema hat mich gleich fasziniert.

*Haben Sie sich seit Ihrem Studium ausschließlich mit Bahn beschäftigt?*
Mehr oder weniger ja. Ich war vier Jahre bei den ÖBB in Wien, habe in Australien bei Queensland Railways gearbeitet, schließlich vier Jahre in Vorarlberg eine Verkehrsplanungsabteilung geleitet. Da habe ich auch die Wirtschaft draußen kennengelernt. Es gab dann noch einen Zwischenstopp bei der damaligen SCHIG, der Schienen-Infrastrukturgesellschaft, bei der ich für die Systemplanung zuständig war. Diese Gesellschaft hat sämtliche Finanzierungen und die Mittelkontrolle durchgeführt.

*Und wie sind Sie schließlich zurück zur Koralm gekommen?*
Die damaligen HL-Vorstände Georg-Michael Vavrovsky und Walter Brenner haben mich angesprochen, ob ich nicht Interesse am Koralm-Projekt hätte. Ich habe natürlich schon immer beobachtet, was da abgeht, und schließlich mit großer Demut Ja gesagt. Obwohl ich damals ja noch sehr jung war.

*Kurze Zwischenfrage: Haben Sie als Kind Eisenbahn gespielt? Sind Sie ein Eisenbahnfreak?*
Ich hatte eine Modelleisenbahn, eine Minitrix. Da hat man mehr Züge auf kleinem Raum untergebracht als bei H0. Ich bin allerdings nicht der klassische Eisenbahnfreund, der jede Zugnummer und jede Typenbezeichnung von Lokomotiven auswendig kann. Aber Bahntechnik hat mich immer schon interessiert. Und zur Klarstellung: Ich hatte auch eine Carrera-Autorennbahn! (lacht)

*Sie sind seit 1997 mit der Projektleitung betraut. Damals wurde ja noch lange nicht gebaut, nicht einmal die Trassen sind festgestanden ...*
Die Trassenfindung war tatsächlich schwierig. So etwas im Konsens zustande zu bringen, ist nicht einfach. Als ich meine Arbeit begonnen habe, war dieser Prozess gerade im Werden. Zuerst einmal mussten wir die Machbarkeitsstudie aktualisieren, die Korridorauswahl nochmals einer strengen Prüfung unterziehen. Mir war klar – wenn wir in die Steiermark rausgehen, sagen die Menschen zu allererst: Wieso fahrt ihr nicht durchs Drautal, durch Slowenien nach Klagenfurt? Deshalb mussten wir die Studien nochmals stabilisieren, damit wir die Korridorwahl gut begründen konnten.

*Gab es Widerstand vor Ort gegen die Neubaustrecke?*
Wir sind einen modernen Weg gegangen, haben regionale Gesprächsplattformen und Gemeindeforen gebildet, aber nicht in den klassischen Gemeindestrukturen. Wir haben Interessengruppen, heute würde man Stakeholder sagen, zusammengebracht ...

*Die da waren?*
Siedlungssprecher:innen, Vertreter:innen vom Bund wie von den Regionen, Landwirt:innen, Jäger:innen, Exekutive, Feuerwehren, Naturraumbeauftragte und so weiter. Die alle haben wir auf Gemeindeebene und regional zusammengefasst.

*Diese Gesprächsformate waren Ihre Erfindung?*
Diese Runden haben wir gemeinsam mit Öffentlichkeitsarbeiter:innen entwickelt, wobei es schon Erfahrungen auf der Weststrecke gegeben hat. Wir haben diese verfeinert, indem wir nicht klassisch Trassen entwickelt und diskutiert, sondern uns relativ lang über zentrale Werte unterhalten haben. Wir haben abgefragt, was für die jeweiligen Interessengruppen der Region zentral ist. Der Prozess dauerte mehrere Jahre und machte transparent, dass es Zielkonflikte gibt.

*Haben Sie selbst auch vor Ort mitdiskutiert?*
Ja. Ich war in dieser Phase viel unterwegs, bis tief in die Nächte hinein. Uns hat der Dialog auch geholfen, unsere Planer:innen haben viel gelernt.

*Wie aber kam es dann zur finalen Entscheidung?*
Wir haben sehr oft umplanen müssen. Es gab Untervarianten, allein in der Weststeiermark gab es fünf mögliche Linienführungen. Die Gewichtung der diversen Kriterien hatten wir festgeschrieben und notariell hinterlegt. Dann kam der Prozess, in dem die Gewichtungen mit den jeweiligen Bewertungen zusammengespielt wurden. Die Letztentscheidung zur heute gewählten Trasse lag aber bei uns. Weil ja auch Geld ein Kriterium war. Wir mussten den Eigentümer fragen, wie viel wir kriegen …

*Und nach der Entscheidung waren alle glücklich und zufrieden?*
Es war für alle klar, dass es Gewinner:innen und Verlierer:innen geben wird. Es gibt keine Trasse, die alle restlos glücklich stimmt. Aber die Akzeptanz war groß, weil der Prozess nachvollziehbar war. Das war schon der guten Planung zu verdanken, sag ich jetzt einmal. Es wurde gesehen, dass wir uns fachlich bemüht haben. Letzten Endes hatten wir einen weitgehenden Konsens, und zwar auf beiden Seiten der Koralm.

*Was waren die heikelsten Punkte bei der Trassenfindung?*
Knackpunkt war immer die Anbindung der beiden Bezirkshauptorte Deutschlandsberg und Wolfsberg. Die Koralmbahn war in der Erwartung der Region sehr wohl eine europäische Achse, hat aber auch regionalen Nutzen zu erfüllen – no na! Dem haben wir mit den Halts Rechnung getragen, die wir schließlich auch eingebaut haben. Man hat sogar erwartet, dass wir für die Planung länger brauchen, es kam für viele überraschend, dass wir so rasch einen Konsens gefunden haben. So konnten die Politiker in der Steiermark und in Kärnten bald sagen: Jetzt wär's schon fesch, wenn wir rasch bauen könnten …

*Es gab großes politisches Gezerre, auch große Zweifel von wissenschaftlicher Seite wie vonseiten der ÖBB, nicht zuletzt aufgrund der Kostenfrage. Wie sind Sie damit umgegangen?*
Gemeine Frage! (lacht) Rein formal sind wir nur Exekutive, Umsetzer:innen eines Projekts. Aber natürlich standen wir über Jahre an der Argumentationsfront, mussten die Sinnhaftigkeit des Vorhabens immer wieder aufs Neue erklären. In meiner Zeit hatten wir 18 Minister und Ministerinnen sowie 13 Bundeskanzler und eine Bundeskanzlerin! In einer relativ heißen Phase um 2001 haben wir im „Motivenbericht Koralmbahn" nochmals alle Argumente für uns und die Politik zusammengefasst.

*Hatten Sie selber nicht auch bisweilen Zweifel, ob das Projekt doch zu ambitioniert ist?*
Was ist richtig? Was ist die Wahrheit? Mit diesem Thema beschäftige ich mich sehr gern. Wahrheit ist nicht unumstößlich. Über diese Frage zerbrechen sich viele Philosoph:innen seit Jahrtausenden den Kopf. Wenn das eine einfache Frage wäre, wäre das Leben sehr einfach …

*Eine Frage war immer, ob sich dieses Bahn-Neubauprojekt jemals wird rechnen können.*
Eisenbahninfrastruktur ist betriebswirtschaftlich nie rentabel. Das geht gar nicht! Man kann und muss volkswirtschaftlich argumentieren. Zweifeln und Hinterfragen gehören aber zu einer verantwortungsvollen Projektarbeit. Sehr geholfen hat uns, dass der Baltisch-Adriatische Korridor Teil des EU-Kernnetzes wurde. Danach sind auch die Polemiken weniger geworden.

*Anfangs hat es ja geheißen, da werden zwei Provinzstädte mit einer „doofen Röhre" verbunden …*
Da wurde uns klar, dass wir zeigen müssen, dass es nicht nur um die zwei Bundesländer geht. Wir haben auch Niederösterreich und Wien in Arbeitsgruppen eingebunden. Das war ein entscheidender Faktor.

Klaus Schneider (Mitte): „Tunnelbau ist eines der letzten Abenteuer."

*Das Projekt ist fertig,* mission completed. *Was bleibt für Sie persönlich von diesen dramatischen knapp 30 Jahren Ihres Lebens?*
Tunnelbau ist eines der letzten Abenteuer. Man betritt Regionen, einen Bereich tief unter der Erde, den noch nie zuvor jemand betreten hat. Das klingt jetzt nach *Star Wars*, ist aber so! Dort war wirklich noch niemand. Mit jedem Tag wird man gescheiter. Nach einem Jahr weiß man erst, ob bestimmte Entscheidungen richtig waren. Wir haben gewaltige Probleme gelöst, auch dank wirklich erstklassiger Menschen, die hier mitgearbeitet haben.

*Wie hat Ihre Familie das ausgehalten, die ganzen Jahre lang?*
Meine Kinder haben mich zeitweise schon gefragt: Papa, ist das nicht fad? Jetzt machst du schon vier Jahre das Gleiche! Für die waren schon vier Jahre eine halbe Ewigkeit. Ich habe aber immer drauf geachtet, dass die Wochenenden möglichst für die Familie reserviert waren. Meine Familie ist mir sehr wichtig, wobei die drei Kinder schon erwachsen und nicht bei den ÖBB gelandet sind. Auch Zeit für Freunde hab ich mir immer genommen.

*Wie haben Sie selbst das ausgehalten, 30 Jahre an ein Megaprojekt gekettet?*
Eigentlich habe ich über die Jahre immer Verschiedenes gemacht. So ein Projekt hat ja Lebenszyklen. Die Trassenauswahl ist etwas anderes als die Behördenverfahren, die Bautechnik, Ausschreibungen, Bauausführung, Ausrüstung, Integration ins System der ÖBB, das alles sind völlig unterschiedliche Themen! Und nicht zuletzt mussten wir uns laufend neu erfinden. Wir arbeiteten zu Beginn noch mit D-Netz-Handys. Internet war noch gar nicht vorgesehen. Wir gehen anno 2025 mit einem 25 Jahre alten

Projekt in Betrieb, das aber am Stand der Technik sein und alle aktuellen Hightech-Features abbilden muss und darüber hinaus noch 150 Jahre lang halten soll.

*Was hat Sie in all den Jahren am meisten gefordert?*
Das lange Zusammenarbeiten mit verschiedensten Menschen. Da ist vieles nicht selbstverständlich. Es sind oft Zwangshochzeiten, mit denen man konfrontiert ist. Man benötigt soziale Kompetenz. Die haben mir im Übrigen meine Eltern mitgegeben, die waren in dieser Hinsicht sehr gute Lehrmeister. Meine Devise war und ist: Offen bleiben, lernen, wissbegierig sein. Wenn Probleme auftauchen, will ich sie in einfachen Worten erklärt bekommen. Ich maße mir nicht an, alles zu wissen, aber das Verstehen ist wichtig, um Entscheidungen treffen zu können. Man muss den Menschen zuhören. Da lernt man am meisten.

*Wollten Sie manchmal auf und davon, etwas ganz anderes machen?*
Natürlich gab es Karrierechancen, Möglichkeiten, sich zu verändern. Aber als ich sah, dass hier die Chance besteht, das Ding vollenden zu können, war abzuwägen: Was ist mir mehr wert? Irgendwann hab ich mir gedacht: Jetzt zieh ich es durch. Für mich war die Möglichkeit, so ein Projekt erfolgreich zu Ende zu bringen, mehr wert als alles andere.

*Wie halten Sie sich als Topmanager fit? Sie wirken extrem energiegeladen.*
Ich bin ich ein begeisterter Sportler. Radfahrer. Man kann sagen, ich lebe fürs Radfahren. Mir taugt das einfach! Die Nähe zur Natur, man hat einen größeren Radius als beim Laufen, ist nahe an der Region. Ich kenne jede Ecke der Steiermark, per Rennrad. Ich radle so circa 6.000 Kilometer pro Jahr.

*Sie fahren aber hoffentlich auch ab und zu mit dem Zug?*
Natürlich, nicht nur ab und zu! (lacht) Ich habe es auch immer genossen, mit meiner Familie per Bahn auf weite Reisen zu gehen. Man nimmt die Veränderungen entlang der Route wahr. Es steigen neue Fahrgäste ein, man hört plötzlich andere Dialekte, Sprachen. Wir sind oft mit dem Schlafwagen nach Südfrankreich gefahren. Die Kinder haben das sehr genossen.

*Würde der Tunnel heute anders gebaut werden?*
Ich würde sagen: Im Großen und Ganzen würde er ziemlich gleich ausschauen. Detailthemen haben wir unterwegs angepasst, aber in der Grundkonfiguration waren wir von Anfang an gut unterwegs. Wir sind jedenfalls stolz darauf, dass wir ein so großes Projekt weitgehend kostenstabil gehalten haben. Im internationalen Kontext kommt es ja nicht selten vor, dass sich Baukosten verdoppeln oder verdreifachen. Wir konnten 2005, als wir erstmals eine durchgehende Trasse und eine stabile UVP hatten, einen ersten seriösen Kostenvoranschlag machen. Seit damals halten wir mit circa zwei Prozent Abweichung bei stabilen Kosten. Das ist im internationalen Vergleich absolut einzigartig und auch eine großartige Teamleistung, auf die wir stolz sind.

# Wer das Sagen hatte

**Bundeskanzler:innen, Infrastrukturminister:innen, Landeshauptleute der Steiermark und Kärntens sowie ÖBB-Generaldirektoren von 1980 bis 2025**

### Bundeskanzler:in

| | |
|---|---|
| 1986–1997 | Franz Vranitzky, SPÖ |
| 1997–2000 | Viktor Klima, SPÖ |
| 2000–2007 | Wolfgang Schüssel, ÖVP |
| 2007–2008 | Alfred Gusenbauer, SPÖ |
| 2008–2016 | Werner Faymann, SPÖ |
| 2016–2017 | Christian Kern, SPÖ |
| 2017–2019 | Sebastian Kurz, ÖVP |
| 2019–2020 | Brigitte Bierlein, Ü |
| 2020–2021 | Sebastian Kurz, ÖVP |
| 2021 | Alexander Schallenberg, ÖVP |
| 2021–2025 | Karl Nehammer, ÖVP |
| 2025 | Alexander Schallenberg, ÖVP |
| ab 2025 | Christian Stocker, ÖVP |

### Verkehrs-/Infrastruktur-/Technologie-/Klimaminister:innen

| | |
|---|---|
| 1986–1992 | Rudolf Streicher, SPÖ |
| 1992–1996 | Viktor Klima, SPÖ |
| 1996–1997 | Rudolf Scholten, SPÖ |
| 1997–2000 | Caspar Einem, SPÖ |
| 2000 | Michael Schmid, FPÖ |
| 2000–2002 | Monika Forstinger, FPÖ |
| 2002–2003 | Mathias Reichhold, FPÖ |
| 2003–2007 | Hubert Gorbach, BZÖ |
| 2007–2008 | Werner Faymann, SPÖ |
| 2008–2014 | Doris Bures, SPÖ |
| 2014–2016 | Alois Stöger, SPÖ |
| 2016 | Gerald Klug, SPÖ |
| 2016–2017 | Jörg Leichtfried, SPÖ |
| 2017–2019 | Norbert Hofer, FPÖ |
| 2019 | Valerie Hackl, Ü |
| 2019–2020 | Andreas Reichhardt, FPÖ |
| 2020–2025 | Leonore Gewessler, GRÜNE |
| ab 2025 | Peter Hanke, SPÖ |

### ÖBB-Generaldirektoren und ÖBB-Holding-AG-Vorstände

| | |
|---|---|
| 1985–1993 | Heinrich Übleis |
| 1993–2001 | Helmut Draxler |
| 2001–2004 | Rüdiger vorm Walde |
| 2004–2008 | Martin Huber |
| 2008–2010 | Peter Klugar |
| 2010–2016 | Christian Kern |
| 2016 | Josef Halbmayr |
| ab 2016 | Andreas Matthä |

### Landeshauptleute Steiermark

| | |
|---|---|
| 1980–1996 | Josef Krainer junior, ÖVP |
| 1996–2005 | Waltraud Klasnic, ÖVP |
| 2005–2015 | Franz Voves, SPÖ |
| 2015–2022 | Hermann Schützenhöfer, ÖVP |
| 2022–2025 | Christopher Drexler, ÖVP |
| ab 2025 | Mario Kunasek, FPÖ |

### Landeshauptleute Kärnten

| | |
|---|---|
| 1988–1998 | Peter Ambrozy, SPÖ |
| 1989–1991 | Jörg Haider, FPÖ |
| 1991–1999 | Christof Zernatto, ÖVP |
| 1999–2008 | Jörg Haider, FPÖ/BZÖ |
| 2008–2013 | Gerhard Dörfler, BZÖ/FPK |
| ab 2013 | Peter Kaiser, SPÖ |

# Von den ersten Ideen bis zum Koralmbahn-Vertrag

- Jahr der „Ostöffnung“; 09.11. Fall der Berliner Mauer; ab 1990 fällt der Eiserne Vorhang in allen Staaten des Warschauer Pakts.

**1989**

**1991**

- Der Österreicher Franz Viehböck fliegt für das Projekt *Austromir* ins Weltall.
- **DIE „MACHBARKEITSSTUDIE SÜD-OST-SPANGE“ WIRD ERSTELLT.**
- Die Sowjetunion hört offiziell auf zu bestehen.

**1992**

- Die ÖBB werden aus dem Bundesbudget ausgegliedert.
- Die Infrastruktur AG, die ÖBB Rail Cargo AG und die ÖBB Personenverkehrs AG werden Töchter der ÖBB Holding AG.
- Der Ingenieur Neil Papworth sendet die erste SMS von einem PC an ein Mobiltelefon.

**1993**

- Ende des öffentlich-rechtlichen Rundfunkmonopols.
- Das World Wide Web wird öffentlich zugänglich.

- **ERKLÄRUNG DER LINIE GRAZ–KLAGENFURT ZUR HOCHLEISTUNGSSTRECKE.**

**1994**

- Volksabstimmung zum EU-Beitritt Österreichs mit 66,6 % Ja-Stimmen

**1995**

- **ERSTE PLANUNGS-VERORDNUNG DES BMVIT**
- Diverse Zahnrad- und Schmalspurbahnen, die Wachaubahn und Schifffahrtslinien werden von den ÖBB an die Bundesländer verkauft.

**1996**

- Mit Waltraud Klasnic wird in der Steiermark erstmals eine Frau in die Position des Landeshaupt„manns“ gewählt.

## 1997

- „Bahnhofsoffensive“ – die 20 frequenzstärksten Bahnhöfe Österreichs werden modernisiert.
- ÜBERTRAGUNGSVERORDNUNG ERSTE BAUABSCHNITTE; BEGINN DER TRASSENAUSWAHLVERFAHREN
- Garri Kasparow, der weltbeste Schachspieler, verliert das Duell mit dem IBM-Schachcomputer *Deep Blue* in New York.
- BEGINN DER BEHÖRDENVERFAHREN; BEGINN DER UVPs
- BAUBEGINN DER ERSTEN ABSCHNITTE; BESTANDSAUSBAU GRAZ–WERNDORF
- In Kyoto (Japan) findet eine internationale Klimakonferenz statt, auf der sich die Industrieländer verpflichten, ihre Treibhausgas-Emissionen zu senken.

## 1999

- FESTLEGUNG DES TRASSENVERLAUFS
- BEGINN DER BAUPHASE; BAUSTART GRAZ–FELDKIRCHEN UND FELDKIRCHEN–WEITENDORF INKL. FLUGHAFEN GRAZ
- Ministerpräsident Wladimir Putin wird russischer Staatspräsident.

## 2000

- Behördengebühren werden nicht mehr per Stempelmarken, sondern in bar oder mittels Bankomat- oder Kreditkarte eingehoben.
- Microsoft bringt sein Betriebssystem Windows 2000 auf den Markt.
- BAUSTART ALTHOFEN/DRAU–KLAGENFURT
- Angelobung der ÖVP/FPÖ-Koalition durch Bundespräsident Thomas Klestil
- Die EU verhängt Sanktionen gegen Österreich.
- Die ersten Taurus-Lokomotiven gehen in Betrieb.
- Die Zeichnungsfrist für die Aktien der Telekom Austria startet, es ist der größte Börsengang der österreichischen Wirtschaftsgeschichte.

## 2001

- DER KÄRNTNER LANDESHAUPTMANN JÖRG HAIDER VERLANGT VON VERKEHRSMINISTERIN MONIKA FORSTINGER (FPÖ) EINE BESSERE VERKEHRSANBINDUNG DER SÜDLICHEN BUNDESLÄNDER.
- Wikipedia wird gegründet.
- Vom Terrornetzwerk Al-Qaida entführte Flugzeuge fliegen in die Türme des Word Trade Center in New York und bringen sie zum Einsturz.

## 2002

- Der Euro wird als neue Währung EU-weit in Umlauf gebracht.
- START DER ERKUNDUNGSBOHRUNGEN

## 2003

- Graz ist europäische Kulturhauptstadt.
- START DES ERKUNDUNGSPROGRAMMS PAIERDORF, MITTERPICHLING, LEIBENFELD; BAUBEGINN DER ERKUNDUNGSTUNNEL
- Das European Train Control System ETCS wird getestet und eingesetzt.
- Letzter kommerzieller Flug der Concorde von New York nach London
- Heißestes Jahr in Mitteleuropa seit 1540. Zehntausende Menschen in Europa sterben an den Folgen der Hitze.

## 2004

- Der Student Mark Zuckerberg startet das Unternehmen Facebook.
- UNTERZEICHNUNG DES KORALM-VERTRAGS ZWISCHEN BUND, KÄRNTEN, DER STEIERMARK SOWIE DEN ÖBB

In voller Pracht: der Bahnhof Weststeiermark. Geradeaus geht's flott in den Koralmtunnel, ein Gleisbogen führt rechts ab nach Deutschlandsberg-Stadt.

Stück für Stück voran: Der Kran hebt die Gleissegmente ins Gleisbett.

# HOCH HINAUS: DIE TRASSE, DIE STRECKE, DIE BAUWERKE

Wir springen aus der Vergangenheit in die Gegenwart, aus dem Jahr 2004 ins Jahr 2025, das Jahr der Eröffnung der neuen Bahnstrecke zwischen Graz und Klagenfurt, und widmen uns der aktuellen Gestalt der Hochleistungsstrecke mitsamt den dazugehörigen Bauwerken. Der Koralmtunnel, das zentrale und aufwendigste Objekt der Koralmbahn, steht in Kapitel 4, „Tief hinein" (siehe S. 77) im Mittelpunkt.

Die Strecke zwischen der steiermärkischen und der Kärntner Landeshauptstadt ist integraler Bestandteil der neuen österreichischen Südstrecke von Wien über den Semmering (ab 2030 *unter* dem Semmering) durch das Mürz- und Murtal nach Graz. Von hier geht's „direttissima" nach Klagenfurt und weiter nach Villach, von wo Züge über Tarvis und Udine nach Venedig sowie andere (ober)italienische Destinationen und weiter über Rom bis nach Süditalien fahren. Über Udine rollen Güterzüge auch nach Triest, zu einem der wichtigsten Adriahäfen. Insgesamt flossen in den Ausbau der Südachse über die Jahre 19 Milliarden Euro; davon entfallen auf Koralmbahn und -tunnel, alle Zulaufstrecken eingerechnet, 5,9 Milliarden Euro (Weiteres zu Investitionsvolumen und volkswirtschaftlichem Nutzen in Kapitel 5, „Mittendrin", S. 107).

Die 130 Neubaukilometer von Graz nach Klagenfurt wurden nicht in einem Guss, sondern, 2001 beginnend, etappenweise fertiggestellt, was die Schaffung einer starken Corporate Identity, eines geschlossen-einheitlichen Erscheinungsbilds, einigermaßen erschwerte. Nach einem ersten Corporate-Design-Konzept aus den Jahren 2003 und 2004 entstand um 2010 das „Corporate

# Graz–Klagenfurt mit Bahnhöfen

In offener Bauweise: die Flughafenspange Graz, das letzte fertiggestellte Stück der Neubaustrecke

Design Manual Koralmbahn", das Gestaltungsregeln für Brücken, Lärmschutzwände, Tunnelportale ebenso wie für „Verkehrsstationen", sprich Bahnhöfe und Haltestellen, definierte. Die damals zuständige ÖBB-Fachreferentin, die Architektin Sandra Burger-Metschina, wollte eine „Richtschnur" entwerfen, eine gemeinsame Formensprache entwickeln. Sie erzählt, dass es einige Anstrengungen kostete, alle Beteiligten davon zu überzeugen, die Lärmschutzwände nicht unterschiedlich, zum Beispiel in den Landesfarben, sondern einheitlich in „abgetreppten Graustufen, von unten nach oben verlaufend heller" zu gestalten.

Insgesamt wurden an der Strecke zwölf Bahnhöfe bzw. Haltestellen neu gebaut. Die neue Lavanttalbahn nach Wolfsberg mitgerechnet, gibt es 23 Stationen (siehe Übersichtskarte, S. 12). Über 100 große und kleine Brücken bzw. Unterführungen wurden errichtet. Neben der 33 Kilometer langen Doppelröhre des Koralmtunnels gibt es auch weitere Tunnel, womit in Summe 50 von 130 Kilometern unterirdisch verlaufen.

Getätigt wurden die gewaltigen Investitionen aus zwei zentralen Gründen: erstens natürlich, um Fahrgäste rascher an ihr Ziel zu bringen. Die Fahrzeit zwischen den zwei Landeshauptstädten beträgt ab Eröffnung nur mehr rund 41 Minuten. Die Strecke kann mit Geschwindigkeiten bis zu 250 km/h befahren werden. Ab Ende 2025 steigt man in Wien in den Railjet und ist nach rund 3 Stunden und 10 Minuten in Klagenfurt – und damit bereits schneller als mit dem Auto. Nach der Eröffnung des Semmering-Basistunnels 2030 „railjettet" man dann in unschlagbaren 2 Stunden und 40 Minuten in die Lindwurmstadt. Ausgeruht, entspannt, im Speisewagen gestärkt, mit Schreib- und Lesearbeiten gut vorangekommen: Der *Modal Split*, also das Verhältnis von Individual- zu öffentlichem Verkehr, wird sich auf der Südstrecke ohne Zweifel massiv in Richtung Bahn verschieben. Dass die Strecke enormes Potenzial hat, beweist allein die Tatsache, dass ab März 2026 der ÖBB-Konkurrent Westbahn pro Tag fünf Zugpaare zwischen Wien und Villach auf die Reise schickt und auch andere Bahnunternehmen bereits Interesse an freien Trassen angemeldet haben.

Der zweite Hauptgrund für den Bau: Da es auf der „Flachbahn" keine nennenswerten Steigungen mehr gibt, können von nun an auch sehr lange und schwere Güterzüge mit nur einer Lokomotive bewegt werden, was eine enorme Einsparung an Energie (und Kosten!) bedeutet.

## Ein Schmuckstück: der Hauptbahnhof Graz

Unsere Reise beginnt in der Bahnhofshalle des Hauptbahnhofs Graz. Diese erstrahlt in flächigem ÖBB-Rot, das seinerseits von silbergrauen, dreidimensional anmutenden Schleifen und Schlingen, Bändern und Linien erfüllt ist. „Das biomorphe Motiv erinnert an verknüpfte Ganglien", formuliert eine anlässlich der

Umgestaltung des Hauptbahnhofs 2015 erschienene Dokumentation. Jede und jeder, die oder der hier durchkommt, nimmt diese 2003 entstandene, raumfüllende Installation von Peter Kogler, einem 1959 geborenen zeitgenössischen österreichischen Künstler, wahr. Das monumentale Kunstwerk im öffentlichen Bahnhofsraum macht jede Ankunft in der Stadt des Uhrturms auch zum optischen Erlebnis.

Ein kurzer Blick zurück: Ab 1842/43 war hier, noch in der Frühzeit des Eisenbahnwesens und weit außerhalb der Stadtmitte, ein Stationsplatz entstanden. 1876 folgte der repräsentative Grazer Südbahnhof mit historisierender Neorenaissance-Fassade. Nach schwersten Bombenschäden am 2. April 1945 fiel der neue Bau von 1956 im Vergleich zum alten Monumentalbau ziemlich nüchtern aus. Einziges markantes Merkmal war die große Glasfront mit der ikonischen Bahnhofsuhr. Die letzte große Umbauphase von 2010 bis 2015 wurde bereits im Hinblick auf die da kommende große Koralmbahn-Zeit umgesetzt, Projektleiter war wiederum Klaus Schneider.

Der Grazer Hauptbahnhof ist heute wesentlich mehr als Halle und neu konzipiertes Reisecenter, mehr als ein loses Konglomerat aus Cafés, Zeitschriftenshops und Fastfood-Restaurants. Mit Eröffnung der Koralmbahn können hier bis zu 740 Züge pro Tag abgefertigt werden. Bis 2024 zählte man hier rund 40.000 Fahrgäste pro Tag und 13 bis 14 Millionen an Kundenfrequenz pro Jahr. Ab 2026 werden es sprunghaft mehr sein. Graz wird somit ein zentraler Bahnknoten an der schnellen Südstrecke.

Der Bahnhof selbst verfügt über zehn Bahnsteiggleise inklusive Autoverladung, wobei die Bahnsteigüberdachung ein echter „Eyecatcher“ ist: Eine 4.500 Quadratmeter große und 800 Tonnen schwere, bis zu acht Meter hohe „Welle“ gibt dem Hauptbahnhof einen futuristischen Touch. Die Welle „als Symbol für Bewegung“ soll, wie Architekt Martin Zechner in der Dokumentation *Hauptbahnhof Graz* erklärt, die „Dynamik des Verkehrsmittels“ abbilden, vor allem aber Fahrgäste vor Regen-, Schnee- und Graupelschauern sowie vor heißen Sonnenstrahlen schützen. Ein eigens engagierter Lichtdesigner entwarf spezielle LED-Lichtbänder mit einem bläulich schimmernden „Moonlight-Effekt“, der seinen Teil zu einem beruhigenden Ambiente beitragen soll.

Der Bahnhof bedient eine 300.000 Einwohner zählende Stadt und ist damit weit mehr als nur Haltepunkt für Rail- und Nightjets, Regionalexpress- und Intercity-Züge. Bahnhöfe in dieser Größenordnung sind Menschenschleusen, Transiträume, die Aus-, Um- und Einstiege für Tausende Menschen in möglichst kurzer Zeit möglichst friktionsfrei ermöglichen müssen. Sie sind „öffentlicher Raum“, aber auch ein Bindeglied zwischen Bahn und innerstädtischem Verkehr, der „Link“ von der Eisen- zur Straßenbahn, zu Bus-, Rad- und Fußgängerverkehr. Genau dieser Funktion wurde in Graz vorbildhaft entsprochen. Der Anschluss an die Öffis wurde am Bahnhofsvorplatz, dem Europaplatz, aufwendig neu organisiert. Die Straßenbahnlinien wurden unter die Erde verlegt, darüber neue Bussteige eingerichtet. Dass im Zuge der Umbauarbeiten eine Fliegerbombe aus dem Zweiten Weltkrieg vor Ort gezielt zur Explosion gebracht werden musste, war nur eine von mehreren Aufregungen, die die Grazerinnen und Grazer während der Umbauphase erlebten.

Ebenso wie der Bahnhof selbst bekam auch der Europaplatz davor ein signifikantes Emblem, das „Golden Eye". Diese riesige ringförmige, rund 420 Tonnen schwere Scheibe überdacht rund 3.000 Quadratmeter Fläche und stellt die Verbindung von drinnen nach draußen, von der Halle zu den Bussteigen her. Architekt Zechner schreibt, dass *sich in der Untersichtverkleidung des Daches leicht verzerrt die Streifen der Platzpflasterung spiegeln, Passant:innen und Fahrzeuge so gleichsam einen Film auf der Leinwand der Bewegungen* erzeugen würden.

Von solch blütenreicher Sprache lässt sich elegant eine Brücke zur realen Blütenpracht schlagen, die sich am Vorplatz entfaltet. Eine neue Fußgänger-Tunnelpassage führt unter den Bahnsteigen in den Westen des Bahnhofareals. Erneut wurde Peter Kogler eingeladen, die 150 Meter lange Wand zu gestalten. Für Architektin Burger-Matschina sind die höheren Kosten für diese künstlerische Intervention berechtigt, denn „hochwertige Oberflächen sind nicht nur schön, sondern gleichzeitig ein Hemmnis für Vandalismus. Sichtbeton wird im Gegensatz zu Glas immer sofort mit Graffiti übersprayt."

Dass die Kommunikation zwischen ÖBB und Stadt Graz stets konstruktiv verlief, ist nicht zuletzt Klaus Masetti von der Grazer Stadtbaudirektion zu verdanken. Er rechnet vor, dass die Stadt selbst im Zuge des Baus der Koralmbahn rund 100 Millionen Euro investiert hat, den Neubau des Nahverkehrsknotens Graz Don Bosco mitgerechnet. Masetti vermittelte zwischen Bahn und Stadt, stand bei Bürger:innenversammlungen an der Front, versuchte, widerstreitende Interessen unter einen Hut zu bringen, verhandelte mit Anrainer:innen, bemühte sich bei Entscheidungsträger:innen um zusätzliches Geld für zusätzliche Projekte und resümiert nach Fertigstellung zufrieden, dass die „Koralmbahn schon so etwas wie ein Katalysator dafür war, dass auch im Nahverkehr der Stadt einiges weitergegangen ist".

## Von Graz nach Süden und Westen

Abfahrt! In Richtung Süden durcheilt ein „normaler" Railjet nach seinem kurzen Halt am Grazer Hauptbahnhof die Stationen Graz Don Bosco, Graz Puntigam und Feldkirchen-Seiersberg. Auf den ersten Kilometern nach dem Auslaufen aus Graz ist die Strecke viergleisig ausgebaut, man fährt durch den dicht be-, um nicht zu sagen, *zer*siedelten Süden der Stadt, was beim Ausbau viel diplomatisches Geschick nötig machte. Nach der Querung der Südautobahn tauchen die Züge auch aus Gründen des Lärmschutzes in eine mehr als drei Kilometer

Links: Hauptbahnhof Graz: Bahnsteig mit speziellem Lichtdesign (li. o.), die Welle der Bahnsteigüberdachung als Symbol für Bewegung (re. o.) und das „Golden Eye“ am Bahnhofsvorplatz im Zentrum (u.).
Rechts: Das Hauptportal des Grazer Hauptbahnhofes, im Inneren sind Teile der Installation von Peter Kogler sichtbar.

GRAZ HAUPTBAHNHOF

ÖBB RAILJET REIHE 1116
KORALMBAHN
18. 07. 2025
8020 GRAZ

lange Unterflurtrasse ab und unterqueren in der sogenannten „Flughafenspange" den Grazer Airport – eine heikle Adresse. Denn die Frage, ob die Railjets hier einen eigenen Halt einlegen sollten, ist auch im Jahr der Inbetriebnahme noch immer strittig. Die Steirer:innen wollen diesen Halt unbedingt, während die ÖBB mit folgenden Argumenten dagegenhalten: Die Frequenz am Grazer Flughafen sei zu gering, der Halt verlangsame die Fahrzeit nach Klagenfurt um wertvolle sechs Minuten und passe damit nicht ins enge Taktgefüge. Vor allem braucht die (auf einer getrennten Trasse fahrende) Schnellbahn S 5 vom Hauptbahnhof Graz bis zur Station Flughafen Graz-Feldkirchen bei Graz lediglich elf Minuten. Von hier aus ist der Terminal zu Fuß auf kurzem Wege zu erreichen. Der erzielte Kompromiss klingt sehr österreichisch: Die eigene Flughafenstation an der neuen Strecke wurde von den ÖBB so weit vorbereitet, dass sie bei Bedarf eingerichtet und bedient werden kann. Dass die Kärntner, allen voran Landeshauptmann Haider, schon seit Anbeginn der Planungen – und letztlich erfolgreich – *gegen* den Haltepunkt am Grazer Flughafen interveniert hätten, bleibt ein gut genährtes Gerücht, das (von Kärntner Seite) heftig dementiert wird. Haider, so geht die Mär, habe stets Angst gehabt, dass „sein" Klagenfurter Flughafen durch die verbesserte Erreichbarkeit des Grazer Airports noch weiter ins Hintertreffen geraten könnte, und opponierte folgerichtig dagegen. Aufgrund zäher Verhandlungen wurde mit den Arbeiten an der Flughafenspange erst 2020 begonnen. Dennoch wurde auch dieser allerletzte Bauabschnitt fristgerecht fertiggestellt.

Bald nach dieser neuen Flughafenpassage passiert der Zug die Anschlussgleise zum Cargo Center Graz. Dieses zwischen Koralmbahn und der Bestandsstrecke Richtung Maribor, Ljubljana und Koper gelegene Logistikcenter ist ein wichtiger Nutznießer der neuen schnellen Schienenverbindungen (mehr dazu in Kapitel 6, „Voll vernetzt", S. 131). Aus raumplanerischen, Umwelt- wie Lärmschutzgründen verläuft die Koralmtrasse ein Stück parallel zur Autobahn, verschwindet dann aber bald im 2010 eröffneten, 1,7 Kilometer langen Hengsbergtunnel. Nur wenige Sekunden ist man unter der Erde, dann schwenkt der Zug schon Richtung Westen, folgt nun dem weiten Laßnitztal, durcheilt Hengsberg sowie Wettmannstätten und erreicht in weniger als 18 Minuten den Bahnhof Weststeiermark.

## Ein Monument: der Bahnhof Weststeiermark

Das wohl beeindruckendste Stationsbauwerk an der gesamten Strecke ist dieser Bahnhof Weststeiermark. Nur wenige Kilometer südöstlich der Bezirkshauptstadt Deutschlandsberg auf freiem Feld gelegen, verfügt die neue Verkehrsdrehscheibe über neun Gleise und vier Bahnsteigkanten. Die RJX-Railjets brausen auf den mittleren Gleisen mit 230 km/h durch. *What a sight*! Beobachten kann man die Zug-Jets gut von der zentralen, die Gleise überspannende Fußgängerbrücke – womit ein neuer Aussichtspunkt für Trainspotter entstanden ist.

Diese größte aller neu errichteten Stationen erinnert entfernt an einen Flughafenhangar: Das weite Dach überwölbt die Gleise ebenso wie Bus- und Taxivorfahrt. Fast nahtlos geht die tief nach unten gezogene Dachkonstruktion in die Fassade über. Unglaubliche 800 Tonnen Stahl wurden hier verbaut, dennoch wirkt das Gebäude leicht und transparent. 450 Park-&-Ride-Stellplätze wurden angelegt; Radwege führen zum Bahnhofsgelände. Nicht nur Railjets und REX-Züge halten hier, auch die S-Bahn auf ihrem Weg nach Deutschlandsberg und weiter nach Wies-Eibiswald kommt hier durch – was perfekte Umsteigemöglichkeiten ergibt. Buslinien bedienen die Region, Tausende Fahrgäste pro Tag können in diesem neuen Wahrzeichen des Laßnitztals „boarden“ (siehe auch Kapitel 5, „Mittendrin“, S. 107).

Direkt an den Vorplatz schließt der 1.800 Quadratmeter große „Infopark Koralmbahn“ an. Er „soll das Jahrhundertprojekt nacherzählen, als Ausflugsziel dienen und zum Verweilen einladen“, erläuterte ÖBB-Infrastruktur-Vorständin Judith Engel bei dessen Eröffnung. Das zehn Meter hohe und 190 Tonnen schwere Schneidrad der Tunnelvortriebsmaschine „Mauli 1“ steht als monumentale Techno-Skulptur im Zentrum des Infoparks. Die größten technischen

Die ÖBB-Fachreferentin Sandra Burger-Metschina kümmerte sich um das Corporate Design von Strecke und Stationen.

Josef Wallner, Bürgermeister von Deutschlandsberg (li. o.), ist ein Freund der Bahn. Elektrifizierung der Wieserbahn (re. o.), Bohrschild und Tunnelquerschnitt im Info-Park beim Bahnhof Weststeiermark (u.)

und ökologischen Fragestellungen des Tunnelbaus sind leicht verständlich aufbereitet; um die Dimensionen des Projekts zu veranschaulichen, wurde auch ein begehbarer Tunnelquerschnitt aufgebaut.

Wenige Kilometer hinter dem Bahnhof verschwindet der Zug nun im Herzstück der Strecke, im 33 Kilometer langen Koralmtunnel (siehe Kapitel 4, „Tief hinein", S. 77).

## Der Bahnhof Deutschlandsberg-Stadt und die Wieserbahn

Deutschlandsberg hat zwei Bahnhöfe: draußen vor den Toren der Stadt den beschriebenen, gänzlich neuen Bahnhof Weststeiermark sowie den an der alten Wieserbahn gelegenen Bahnhof Deutschlandsberg-Stadt. Eine frühe Trassenvariante der Koralmbahn sollte direkt durch den Bezirkshauptort und von da hinein in den Tunnel führen, doch eine Bürgerinitiative wehrte sich erfolgreich gegen diese (technisch wie finanziell kaum realisierbare) Idee eines riesigen Bahnhofs unter der Stadt.

Josef Wallner, Langzeit-Bürgermeister von Deutschlandsberg, ist keineswegs unzufrieden mit der nun realisierten Lösung, (siehe auch Kapitel 5, „Mittendrin", S. 107), hat er doch nunmehr zwei zeitgemäße Stationen. Der Stadtbahnhof wird von den S-Bahnen ab Graz direkt angefahren, wobei die Line S 6 zu großen Teilen auf der neuen Koralmtrasse fährt und nach dem Bahnhof Weststeiermark zum Stadtbahnhof ausschwenkt. Die S 61 fährt über Lieboch nach Deutschlandsberg-Stadt und von hier weiter bis zur Endstelle Wies-Eibiswald. Dem Bürgermeister war die Attraktivierung dieser schon abgeschriebenen Regionalbahn sehr wichtig: „Es war ja lange eine Diskussion, ob man die alte Bahn ganz zusperrt oder zumindest die Strecke nach Wies-Eibiswald einstellt. Davon ist jetzt keine Rede mehr. Jetzt haben wir alle halben Stunden eine S-Bahn nach Graz, das ist schon sensationell."

## Der Hauptbahnhof Klagenfurt, ein „Kunstbahnhof"

Wir springen nun von der Steiermark ans andere Ende der Koralmbahn, nach Klagenfurt. Die Kärntner Landeshauptstadt hat mit rund 100.000 Einwohnern rund ein Drittel der Größe von Graz; es erstaunt also kaum, dass ihr Bahnhof etwas kleiner als jener der „Mur-Metropole" ist. Dazu kommt, dass Klagenfurt hinter Villach nur zweitwichtigster Eisenbahnknoten Kärntens ist. Nichtsdestotrotz präsentiert sich der Hauptbahnhof Klagenfurt nach dem Facelifting im Jahr 2005 ansprechend. Zwei Rolltreppen dominieren die helle Halle, führen hinauf zur Fußgängerbrücke, die ihrerseits zu den Bahnsteigen sowie in den Stadtteil St. Ruprecht führt.

Wie der große Bruder in Graz ist auch Klagenfurt ein „Kunstbahnhof“: Die Halle wird an beiden Seiten von zwei 22 mal 5 Meter großen Fresken dominiert. Geschaffen wurden die *Wand der Kläger* und die *Wand der Angeklagten* anno 1956 im neu gebauten Bahnhof von Giselbert Hoke. Der damals junge Künstler entfachte damit einen Riesenskandal: Seine an Pablo Picasso erinnernde Bildsprache kam bei der Bevölkerung schlecht an. Schon bei der Eröffnungsfeier gab es Tumulte, später protestierten Tausende Menschen, die Zeitungen polemisierten, Unterschriften gegen „entartete Kunst“ wurden gesammelt, die Entfernung der Fresken wurde gefordert. Hoke, der als 17-Jähriger im Krieg einen Arm verloren hatte, fand in Klagenfurt, ja in ganz Kärnten keine Bleibe mehr und musste das Land verlassen. ÖBB und Stadt Klagenfurt blieben jedoch standhaft, die Fresken wurden nicht abgenommen. Hoke, der erst Jahre später nach Kärnten zurückkehrte, erhielt 1974 eine Professur für künstlerische Gestaltung an der TU Graz; seine Fresken wurden 2009 restauriert und unter Denkmalschutz gestellt. Viele Reisende, die heute durch die Halle eilen, nehmen die Kunstwerke möglicherweise gar nicht mehr wahr. Dennoch, und deshalb besonders dankenswert, haben die ÖBB am Bahnhof eine kleine Ausstellung zu ihrer bewegten Geschichte eingerichtet. Bäckerei, Zeitschriftengeschäft, Supermarkt, diverse Läden und ein Restaurant – der Bahnhof freut sich auf viele weitere Fahrgäste durch die nun deutlich verbesserten Verbindungen nach Graz und Wien.

Kurzer Rückblick: 1863 erhielt Klagenfurt am Ort des heutigen Bahnhofs mit der Eröffnung der Drautalbahn (ab Marburg/Maribor) seine erste Bahnstation. Eine nach den Zerstörungen des Zweiten Weltkriegs hochgezogene, schlichte Fassade ersetzte später die dekorativ-mächtige, von zwei Türmen bewehrte Jugendstilfront des Bauwerks von 1910. Das aktuelle Bild des Bahnhofs wird durch einen kräftig dunkelroten Anstrich, die große Glasfassade sowie ein weit auf den Vogelweidplatz ragendes Vordach bestimmt; dieser „Wing“ gibt dem Bahnhof ein modernes, repräsentatives Gesicht und weist quasi den Weg in die Stadtmitte. Direkt vor dem Haupteingang halten die Stadtbusse, mit denen man auch den Heiligengeistplatz, den zentralen Umsteigeknoten der Stadt, erreicht. Tritt man aus dem Bahnhofsgebäude heraus, fällt der Blick unweigerlich auf drei überlebensgroße Köpfe, die an der Fassade des gegenüberliegenden Hauses prangen. Die Porträts von Christine Lavant, Ingeborg Bachmann und Robert Musil weisen darauf hin, dass sich dort das sehenswerte Robert-Musil-Literaturmuseum der Stadt Klagenfurt befindet.

Hauptbahnhof Klagenfurt: Fassade mit weitem „Wing“ (o.) und Halle mit Rolltreppen sowie Hoke-Reliefs (li. u.).
Stadtplaner Christian Oberwald verlinkte Stadt und ÖBB-Infrastruktur (re. u.).

## Von Klagenfurt nach St. Paul im Lavanttal

Achtung, Bahnsteig drei! Die aus Villach kommenden Railjets rollen in den Bahnhof Klagenfurt ein und schießen nach kurzem Halt los Richtung Osten. An diesem ersten, noch in der Stadt verlaufenden Streckenabschnitt wurde bereits ab 2001 gebaut; endgültig fertiggestellt wurde er 2016. Parallel dazu wurden die Bahngebäude entlang der Strecke modernisiert. Die Haltestelle Klagenfurt Ebenthal wurde ebenso zeitgemäß renoviert wie der denkmalgeschützte Bahnhof Grafenstein, Letzterem auch ein futuristisch anmutender Neubau mit Stahl-Glas-Fußgängerbrücke beigefügt. In Ebenthal wurde vom Kärntner Künstler Valentin Oman eine eiserne Stele gestaltet, *deren rostiges Äußeres den Verfall aller Dinge, Sprachverlust und Gewalttätigkeit* widerspiegeln soll, wie die Tageszeitung *Der Standard* im Jahr 2012 formulierte. Das Mahnmal erinnert an die Deportation von rund 1.000 Kärntner Slowenen im Jahr 1942, die hier ihren Ausgang nahm.

Wenige Kilometer hinter Grafenstein, nach dem kurzen Tunnel Lind, fährt der Railjet schon mit 230 Sachen über eines der spektakulärsten Brückenbauwerke der gesamten Strecke: die Drauquerung bei Stein. Überwand die alte Bahnlinie den Draustausee noch auf einer kurzen Brücke, zieht die neue Trasse nun in einer langgezogenen Linkskurve in flachem Winkel über den Kärntner Hauptfluss. Während man im Zug sitzend kaum etwas von der aus Lärmschutzgründen eingehausten, längsten Bahnbrücke Kärntens bemerkt, ist die metallisch schimmernde, 600 Meter lange Röhre für das umgebende Land ein echter „Hingucker".

Der weitere Streckenverlauf wurde in vielen Bürger:innenversammlungen abgestimmt. Lärmschutzdämme begleiten meist die Schienen; im Südosten kann man aber auch schon das hoch aufragende Massiv des Petzen erkennen. Zwei Tunnel folgen, wobei der 665 Meter lange Tunnel Untersammelsdorf in einer alten Moräne, einer eiszeitlichen Gletscherablagerung, errichtet werden musste. Der Tunnelbauexperte Hanns Wagner erinnert sich an das seltsame Gefühl, auf diesem plastillinartigen, wabernden Untergrund zu stehen: „Man ist wie auf einem Wasserbett gegangen, dabei aber nicht eingesunken." Über 1.000 Bohrpfähle und 6.000 Zementsäulen waren nötig, um das Bauwerk sicher zu verankern.

Zuggäste bemerken von all dem Aufwand nichts; sehr wohl aber sehen sie den Bahnhof Kühnsdorf-Klopeiner See. Dessen Bahnhofshalle liegt in einem bauklotzartigen Baukörper quer über die Gleise – ein Wiedererkennungsmerkmal bei mehreren Stationen der Koralmbahn. Die Station ist Zugangstor zur Bezirkshauptstadt Völkermarkt am nördlichen Ufer des Draustausees, aber auch der Knotenpunkt für Klopeiner See und Turnersee, der Gemeinde St. Kanzian sowie für den Rest Unterkärntens. Regionalpolitiker:innen kämpften bis zuletzt darum, dass nicht nur REX-Züge und S-Bahn, sondern auch der schnelle Railjet in Kühnsdorf-Klopeiner See haltmachen sollen, um Urlauber:innen eine

Bahnhof Kühnsdorf-Klopeiner See: An diesem Urlaubsportal halten ÖBB und Westbahn.

Neue Zeiten in Kärnten: deutsch-slowenisches Bahnhofsschild

umsteigefreie Anreise zu ermöglichen. Wie beim Grazer Flughafen blieben die ÖBB hart, um den Railjet nicht zu sehr zu bremsen. Allerdings ist der Bahnhof mit kurzen Umstiegszeiten ab Klagenfurt bzw. St. Paul im Lavanttal perfekt ans nationale Netz angebunden. Darüber hinaus hält der deutsche ICE 4 auf seiner Reise von Frankfurt nach Graz fahrplanmäßig in Kühnsdorf – was als Erfolg für die Kärntner Fremdenverkehrswirtschaft verbucht werden darf. In unmittelbarer Nähe der Station befindet sich ein von Armin Guerino um 2014 geschaffenes Kunstprojekt namens *Gräser im Wind*. Auf den Lärmschutzwänden über einem Kreisverkehr sind Gräser affichiert, im Kreisverkehr selbst Dutzende gebogene, metallene Stelen positioniert.

Zurück zur Bahn – in einer sanften S-Kurve schwingt sich die Trasse durch das bewaldete Dobrawabecken, verläuft über die neu errichtete Haltestelle Mittlern in einem weiten Bogen nördlich vorbei an Bleiburg, passiert die Haltestelle Wiederndorf-Aich und muss nun die Drau nochmals überqueren, diesmal von Süden nach Norden. Das Tal ist hier im Gegensatz zur ersten Drauquerung tief eingekerbt. Die deshalb nötige hohe Brücke musste aber nicht extra gebaut werden – sie war zum Glück schon da.

## Die hohe Brücke über das Jauntal

Die Jauntalbrücke wurde bereits Ende der 1950er-Jahre im Zuge des Neubaus der Jauntalbahn hochgezogen (siehe Kapitel 2, „Aus dem Nichts“, S. 21). Ihre vier bis zu 76 Meter hohen Pfeiler wurden bereits damals derart stark dimensioniert, dass sie die Planer nach genauer Prüfung für die Koralmbahn „recyceln“ konnten: Sie bekamen „nur“ eine Konstruktion aus Stahl und Beton, ein neues Verbundtragewerk, aufgesetzt, um so die 400 Meter lange Brücke für zwei Highspeed-Gleise zu ertüchtigen. In stolzen 96 Meter Höhe fliegen nun die Züge von einem Ufer zum anderen, die Passagiere können das tiefe Tal von der Brücke aus allerdings nicht einmal erahnen, da die Trasse vollständig mit Schallschutzwänden ummantelt ist. Nur, wer per Rad oder zu Fuß unterwegs ist, kann nach wie vor echtes „Brückenfeeling“ erleben: Der Radweg quert den Fluss direkt unter den Gleisen. In der Mitte der Brücke kann man (falls schwindelfrei!) von einer Aussichtsplattform auf die Drau hinunterschauen. Oder, warum nicht, hinunterspringen: So wie schon einst Landeshauptmann Jörg Haider hier einen Bungee-Jump wagte, wird es auch in Zukunft möglich sein, sich mutig mit einem Seil gesichert in die Tiefe zu stürzen.

Projektleiter Gerald Zwittnig hat freilich keinen Bedarf nach zusätzlicher Adrenalinausschüttung. Für ihn war der Umbau der Brücke schon Abenteuer genug, hat er doch erst nach langen Untersuchungen „auf der Basis entscheidungsreifer Grundlagen“ den Auftrag zur Umgestaltung gegeben. Gegipfelt hat das Projekt in einem Prozedere, das in der Sprache der Brückenbauer „Taktschiebeverfahren“ genannt wird: „Wir haben das alte und das neue Tragwerk gekoppelt und mit hydraulischen Pressen das neue Tragwerk vorgeschoben“, sagt Zwittnig, der mittlerweile sämtliche Bauprojekte der ÖBB österreichweit koordiniert. Klingt ganz einfach, ist es aber wirklich nicht.

Hart getestet wurde das Bauwerk natürlich auch. Bis zu sechs je 80 Tonnen schwere ÖBB-Lokomotiven fuhren auf die Brücke; selbst kleinste Verformungen im Tragwerk können bei derartigen ultimativen Belastungsproben ermittelt werden.

Weiter geht's! Während die alte Bahnstrecke nach der Jauntalbrücke durch den Langenbergtunnel in den Stadtbahnhof von St. Paul führte, verschwinden die Züge der neuen Koralmbahn unmittelbar nach der Brücke in der Tunnelkette Granitztal. Bestehend aus dem 2,9-Kilometer-Tunnel Langer Berg, der Einhausung Granitztal (0,6 Kilometer) und der 2,6 Kilometer langen Tunnelröhre Deutsch-Grutschen ist sie mit in Summe 6,1 Kilometern das zweitlängste Tunnelsystem der Koralmbahn. Die enormen Herausforderungen, die in diesem Bereich zu bewältigen waren, sind schon fast wieder vergessen, die Herren und Damen Ingenieur:innen, die Baggerfahrer:innen, Maschinist:innen und

ÖBB
ÖBB
BTBAU

Der Baumeister und sein Meisterstück: Gerhard Zwittnig, Leiter der ÖBB-Projektumsetzung (li.), und die neue 96 Meter hohe Brücke über das Jauntal (re.)

Alt und Neu: antike Vase aus Bodenfunden im Lavanttal (li.), Station Bleiburg (re.)

Sprengmeister:innen längst wieder auf anderen Baustellen in der halben Welt verstreut. Die alte, nicht mehr benötigte Bahntrasse sowie der Langenbergtunnel sollen bald Teil eines regionalen Radwegs werden.

## Mit der Schnellbahn über Bleiburg nach Wolfsberg

Auf Youtube kann man eine in Echtzeit gefilmte Führerstandsmitfahrt von Klagenfurt nach Wolfsberg mitverfolgen. Empfohlen wird an dieser Stelle aber definitiv die „analoge" Fahrt, mit dem einzigen Nachteil, nicht die Perspektive der Triebfahrzeugführer:innen genießen zu können. Möglich wurde die reale Reise schon Ende 2023, denn da ging der Kärntner Teil der Koralmbahn inklusive neu elektrifizierter Lavanttalbahn in Betrieb – quasi als Generalprobe für die gesamte Strecke.

Zuerst führt die Fahrt ab Klagenfurt über die Haltepunkte der Hochleistungsstrecke bis zur neuen Station Mittlern. Hier schwenkt der Zug nach Süden auf die alte Jauntaltrasse ab, fährt über St. Michael zum Bahnhof Bleiburg/Pliberk, um dann in einer 120-Grad-Schleife nach Norden, nach Bleiburg Stadt/Pliberk mesto zu schwingen. Die zweisprachige Beschilderung etlicher Stationen „ist ein wichtiges Zeichen der Wertschätzung der slowenischen Volksgruppe in Kärnten", zeigte sich der Kärntner Landeshauptmann Peter Kaiser (SPÖ) anno 2023 erfreut.

Ein neuer Verkehrsknoten: Bahnhof St. Paul im Lavanttal

Zug fährt ab im Bahnhof St. Paul – in Richtung Portal des Koralmtunnels (o.).
Die Weichen sind gestellt: Die Koralmbahn ist auf Spur (u.).

Ab der Haltestelle Wiederndorf-Aich/Vidra vas-Dob verschmilzt die alte Trasse, heute „Bleiburger Schleife“ genannt, wieder mit dem Gleiskörper der neuen Koralmbahn. Unsere S-Bahn fährt bald darauf in den neuen Bahnhof St. Paul im Lavanttal ein. Bis 2023 arbeiteten rund um das Bahnhofsareal auf einer der größten Baustellen der Koralmbahn Hunderte Menschen. Bis zu fünf Baulose gleichzeitig waren hier zu koordinieren, laut Projektleiter Schneider eine besonders fordernde Situation (siehe Kapitel 4, „Tief hinein“, S. 77).

Die Strecke nach Wolfsberg verlässt direkt nach dem Bahnhof St. Paul wieder die Trasse der Koralmbahn. Nach den Haltestellen St. Andrä, St. Stefan und Wolfsberg-Reding endet die Reise am modernisierten Bahnhof Wolfsberg (siehe Kapitel 5, „Mittendrin“, S. 107). Die S 3 benötigt über die „Bleiburger Schleife“ von Klagenfurt bis nach Wolfsberg eine Stunde und vier Minuten; der REX 3, der die Schleife auslässt, braucht überhaupt nur eine knappe Dreiviertelstunde, was das Leben aller Klagenfurtpendler:innen nochmals deutlich erleichtert.

Der Zug endet zwar in der Bezirkshauptstadt, Gleise aber führen von hier weiter durchs obere Lavanttal und über den 1.000 Meter hohen Obdacher Sattel ins steirische Murtal nach Zeltweg. Auf der Strecke fahren nur noch Güterzüge, vor allem für die Frantschacher Mondi-Papierfabrik. Bemühungen von lokalen Initiativen, auch den Personenverkehr über den Obdacher Sattel wiederzubeleben, blieben bislang ohne Erfolg.

## Bahnhof St. Paul im Lavanttal, ein neuer „Mobilitätsknoten“

Der Bahnhof St. Paul im Lavanttal ist der Zwilling des Bahnhofs Weststeiermark. Auch dieser „Mobilitätsknoten“ wurde auf einer grünen Wiese, in einigen Kilometern Entfernung vom dazugehörigen Ort gebaut. Auch er ist der einzige Halt von Railjets – jetzt auf der Kärntner Seite. Auch er soll eine ganze Region, in diesem Fall das Lavanttal, an die Bahn anbinden. Auch er besitzt neun Gleise und zwei 420 Meter lange Bahnsteige. Auch hier ist der Warte- und Zufahrtsbereich überdacht, ebenso wie es die Stellplätze für Räder sind. 200 Park-&-Ride-Plätze sowie Regionalbusse gewährleisten Anschluss in die Region sowie in die Ortszentren von St. Paul und St. Andrä. Darüber hinaus befinden sich, für Fahrgäste unsichtbar, in der großzügig dimensionierten Station auch Stützpunkte für die Instandhaltung sowie für einen Rettungszug.

Die Station hätte übrigens nach dem Willen der ÖBB und analog zur steirischen Namensgebung „Bahnhof Lavanttal“ heißen sollen. Der sperrige Stationsname „Bahnhof Lavanttal-St. Andrä im Lavanttal“ wurde wegen Überlänge verworfen. Der Bürgermeister von St. Paul kämpfte weiter so heftig für den Namen seiner Stadt auf dem Stationsschild, dass die ÖBB schließlich einlenkten – auch hier wurde also eine „österreichische“, in diesem Fall „kärntnerische“ Lösung gefunden.

Eisenbahnfreunde aufgepasst: Wenn der REX von diesem neuen „Mobilitätsknoten" Richtung Wolfsberg ausfährt, eröffnet sich in Fahrtrichtung links ein schöner Blick auf das nur wenige Hundert Meter hinter dem Bahnhof liegende Westportal des Koralmtunnels. Der alte, funktionslos gewordene Bahnhof im Ort St. Paul selbst wurde 2025 von den ÖBB an das Land Kärnten verkauft. Ein letztes, rostiges Gleis führt von der verlassenen Station hinauf zur neuen Koralmbahn-Trasse, an der – immerhin! – eine Weiche für diese potenzielle Anschlussbahn eingebaut wurde.

## Mit Highspeed in den Süden

Durch die Fertigstellung der Koralmstrecke erhöhen die ÖBB ab 14.12.2025 ihr Angebot im Fernverkehr um rund 30 Prozent. Ein Gutteil davon entfällt auf die neue, schnelle Südbahn. Kürzere Fahrzeiten, gesteigerte Frequenzen und höherer Komfort läuten tatsächlich eine neue Ära im Bahnverkehr ein. Die neuen Verbindungen können sich in Tempo und Frequenz sehen lassen:

| | |
|---|---|
| Wien–Klagenfurt: | 3 h 10 min, 26-mal pro Tag (statt wie bisher 10-mal) |
| Graz–Klagenfurt: | 41 min, 29-mal pro Tag (statt wie bisher 8-mal per Bus) |
| Wien–Venedig: | 7 h 10 min (statt wie bisher 7 h 40 min) |
| Wien–Triest: | 6 h 38 min (statt wie bisher 9 h 18 min) |

Zwischen Wien und Graz existiert ab sofort mit 33 Zügen pro Tag ein De-facto-Halbstundentakt. Neue Interregio-Züge im Ein- bzw. Zweistundentakt verbessern außerdem die Verbindungen ab Graz nach Linz, Innsbruck sowie nach Maribor signifikant. Auch die Fahrzeiten von und nach Deutschland verbessern sich deutlich.

Darüber hinaus sorgen auch die Westbahn und andere Anbieter auf der neuen Südstrecke für eine nie dagewesene Zugdichte – und damit ein mehr als attraktives Angebot für Reisende.

# Zahlen und Fakten: Eckdaten zur Koralmbahn

| | |
|---|---|
| 5,946 | Mrd. € Gesamtinvestition inkl. Flughafenast Graz |
| 12 | Tunnel |
| 50 | km Tunnelstrecke insgesamt |
| 100 | Brücken und Unterführungen |
| 23 | neue bzw. modernisierte Bahnhöfe |
| 290 | km Gleise |
| 2.400 | je 120 m lange Schienenstücke |
| 20.000 | Stück Gleistragplatten zu je 5 Tonnen |

100 — Hightech-Weichen, 235 Weichen insgesamt

3.000 — m engster Kurvenradius

250 — km/h Höchstgeschwindigkeit

41 — Min. Fahrzeit Graz–Klagenfurt

655 — Unternehmen

95 % — österreichische Auftragnehmer

45.000 — Arbeitsplätze insgesamt während der Bauzeit

Die kürzeste Verbindung zwischen zwei Punkten ist die Gerade: Koralmbahn bei Mittlern im Waldgebiet der Dobrava (Kärnten)

Immer weiter in den Berg: Tunnel-Bauarbeiten

# TIEF HINEIN: DER TUNNEL, EIN JAHRHUNDERTBAUWERK

## Der unendlichen Geschichte zweiter Teil

Tunnel, und das macht einen entscheidenden Unterschied zu Eiffeltürmen, Guggenheim-Museen und Chrysler Buildings, sind keine bewunderten Sensationsbauten. Niemand sagt „Ah!" und „Oh!", wenn man heute per Railjet, ICE oder TGV in den Arlberg-, Tauern- oder Ärmelkanaltunnel eintaucht. Die Zeiten sind vorbei, in denen der Steirer Peter Rosegger anno 1876 über das *kohlfinstre Loch* am Semmering nicht genug staunen konnte: *Das Loch war schier so groß, dass darin ein Haus hätte stehen können und gar mit Schick und Fleiß ausgemauert, und da ging eine Straße mit zwei eisernen Leisten daher und schnurgerade in den Berg hinein.*

„Schnurgerade in den Berg hinein" führen auch die Gleise des 33 Kilometer langen Koralmtunnels, des aktuell sechstlängsten Bahntunnels der Welt. Seine Portale bei **Freidorf**, einem Ortsteil von Frauental an der Laßnitz, und beim Weiler **Mitterpichling** werden vermutlich in keinen Wander- oder Reiseführer Eingang finden. Keine Schriftstellerin, kein Autor wird den Tunnel literarisch hochleben lassen. Keine Zugbegleiter:innen weisen die Fahrgäste darauf hin, dass sich zwischen Waggondach und der Spitze der Koralpe bis zu 1.200 Meter Gestein auftürmen, nein: Der Tunnel, dieses Hightech-Meisterwerk, ist einfach da. Er ist in Wahrheit so spektakulär und so teuer wie der 828 Meter hohe Burj Khalifa in Dubai. Und dennoch: Unser Jahrhundertbauwerk muss nur funktionieren, seine dienende Aufgabe erfüllen, nämlich bis zu 158 Züge pro Tag sicher durch den

# Tunnelland Österreich

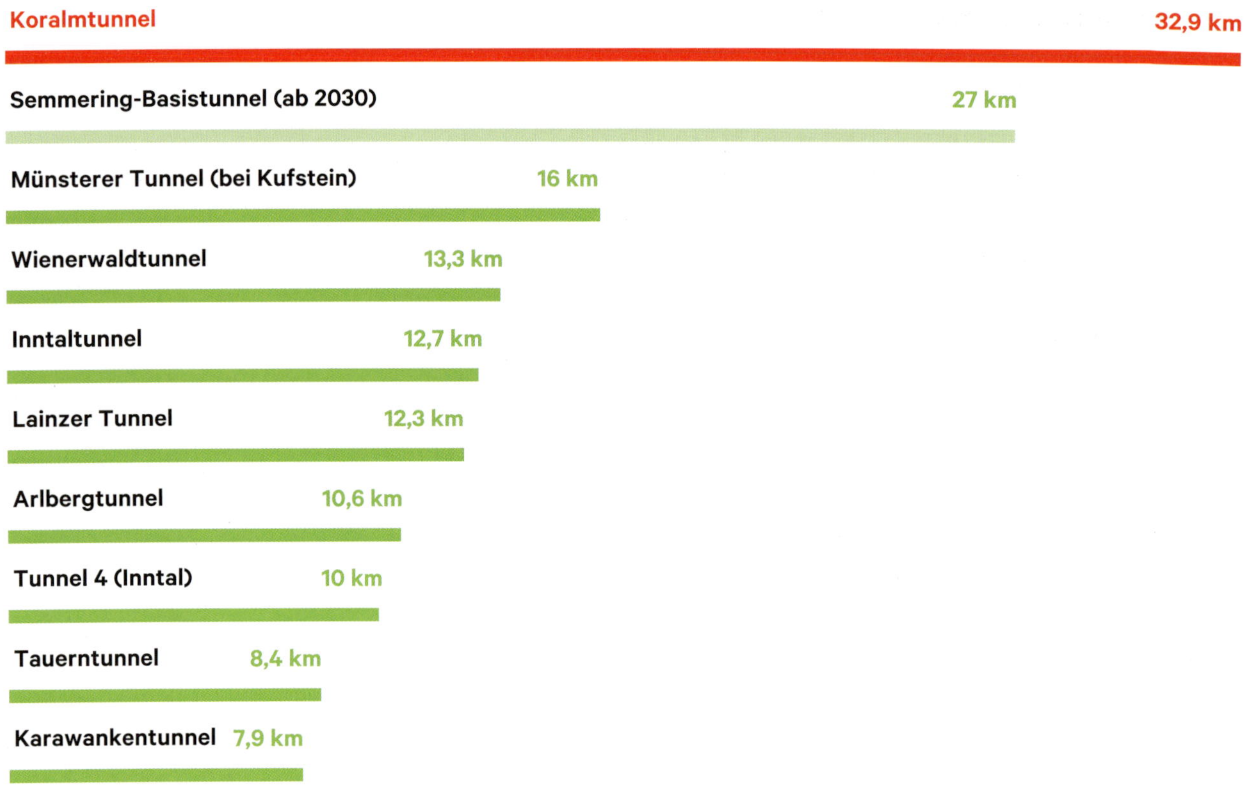


Ältester Bahntunnel:
**Baujahr 1841**
Gumpoldskirchner Tunnel

Kürzester Bahntunnel:
**12,43 m**
Teufelsmauer-Tunnel (bei Spitz/Donau)

Berg bringen. Während der Schweizer Literaturnobelpreisträger Carl Spitteler 1896 noch behaupten konnte: *Ohne eine gewisse feierlich andächtige Spannung fährt wohl kaum jemand zum ersten Mal in den Gotthardtunnel*, wird, so steht zu erwarten, bei der Fahrt durch den Koralmtunnel nur bei den wenigsten Passagieren eine „andächtige Spannung" aufkommen.

In der langen Geschichte von Planung und Bau gab es allerdings genug Momente der Hochspannung. Wird das jetzt noch was mit dem Tunnel oder eher doch nicht? Wir erinnern uns: 2004 wurde mit der Unterzeichnung des Koralm-Vertrags ein erster großer Durchbruch verkündet (siehe Kapitel 2, „Aus dem Nichts", S. 21). Freilich war da die Finanzierung noch lange nicht ausgemacht. 2005 ging die bis dahin mit dem Projekt betraute HL-AG in der neu gegründeten ÖBB-Infrastruktur AG auf. Die Alt-ÖBBler:innen waren über das neu hinzugekommene Unternehmen und das teure Tunnelprojekt allerdings *not amused*.

# Die längsten Bahntunnel weltweit

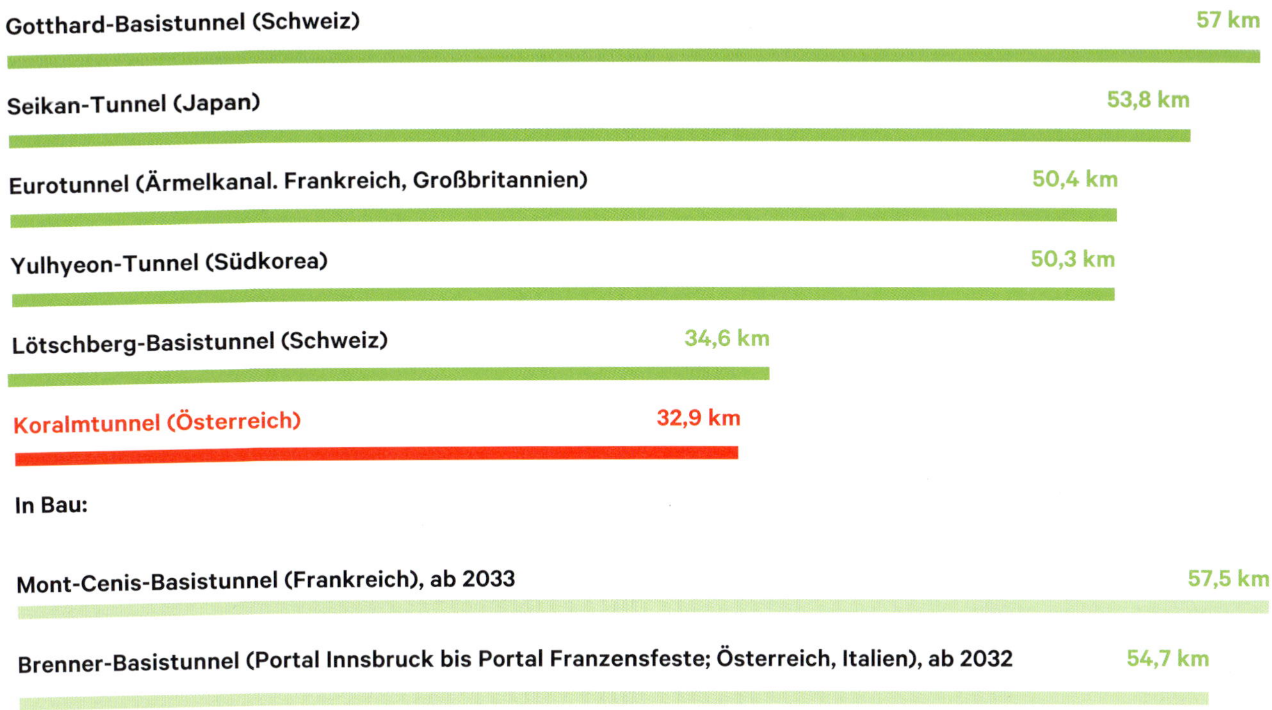


Es brauchte einen Kraftakt des Finanz- und des Infrastrukturministeriums, um Transparenz und klare finanzielle Verhältnisse herzustellen.

2006 wurde die schwarz-blaue Regierung, die ja das erste Vorsignal auf Grün gestellt hatte, durch eine rot-schwarze Koalition abgelöst, die das Großprojekt nochmals skeptisch beurteilte. Es gab wieder Zweifel an der Sinnhaftigkeit, doch in der Steiermark wurde im selben Jahr ein erster Neubauabschnitt der Strecke in Angriff genommen – und damit ein wichtiger Schritt in Richtung Gesamtprojekt gesetzt.

Während der Bund bremste, kämpften die Landeshauptmänner Franz Voves (SPÖ), Jörg Haider (BZÖ) und, nach dessen tödlichem Autounfall, Gerhard Dörfler (BZÖ) weiterhin konsequent für Bahn und Tunnel. Es ist unmöglich, hier jede Wendung dieser unsicheren Jahre widerzugeben, zumal es auch unterschiedliche „Erzählungen" gibt. Jedenfalls kündigte das Infrastrukturministerium unter Doris Bures (SPÖ) 2008 eine Evaluierung aller großen österreichischen Infrastrukturprojekte – und damit auch des Koralmtunnels – an. Wie ein Zeitzeuge berichtet, wurden sie und der leitende Beamte ihres Ministeriums von Bundeskanzler Werner Faymann (SPÖ) ins Kanzleramt zitiert und von der politischen Notwendigkeit des Baustarts überzeugt. So wurde also am 12. Oktober 2008 das entscheidende große Tunnelbaulos „KAT 2" vergeben.

Bilder einer Baustelle: Schweres Gerät und Grubenbahn (o.), Tunnelbegehung (re. u.). Links unten: Barbarafeier mit Tunnelpatin Margit Fischer (Mitte), Landeshauptmann Gerhard Dörfler (2. v. li.), STRABAG-Chef Hans Peter Haselsteiner (2. v. re.) und ÖBB-Mineuren

Damit war der entscheidende *Point of no Return* erreicht – am Ziel war man aber noch immer nicht. So musste etwa Landeshauptmann Voves seinen Landsleuten erklären, dass „ein 30 Kilometer langer Tunnel kein Einfamilienhaus“ sei. Mit dieser Formulierung wollte er die Verschiebung der ursprünglich schon für 2016 geplanten Fertigstellung auf das Jahr 2020 erklären. Als Grund wurden geologische Probleme genannt, vor allem aber waren die Kassen knapp, der Bauplan musste „gestretcht“, also in die Länge gezogen werden. Die Planer:innen waren permanent genötigt, das Projekt ökonomisch zu optimieren – „Effizienzsteigerung“ war zu jener Zeit ein viel gehörtes Vokabel. So wurde der Tunnelquerschnitt auf zehn Meter verkleinert sowie die Tunnelstrecke verlegt und um 300 Meter verlängert, weil durch die neue Trasse relevante Summen eingespart werden konnten. Ab 2011 war man dann aber endgültig so weit: Es durfte gesprengt, gebohrt, gebaggert werden, was Menschen und Maschinen hergaben. Judith Engel, 2025 Vorständin der ÖBB-Infra und damit oberste Bauherrin des Jahrhundertprojekts, kennt die „unglaublich lange Projektgeschichte, die einzigartigen planerischen, technischen und politischen Herausforderungen" wie kaum eine zweite Person aus eigener Erfahrung und will diesen Erfahrungsschatz bei weiteren Projekten verwerten (siehe auch Kapitel 1, „Bahn frei!", S. 11).

## Die Welt der Großbaustellen

Einen Tunnel dieser Dimension zu graben, ist kein Sandkastenspiel. Schon die Einrichtung der entsprechenden Groß- wie Kleinbaustellen ist eine logistische Meisterleistung. Zahllose geologische und hydrologische Voruntersuchungen mussten im Vorfeld getätigt, viele Kilometer Probestollen und Probetunnel gegraben werden, bis schließlich der „wirkliche" Tunnel, in diesem Fall zwei Tunnelröhren, „angeschlagen" werden konnte.

Die Arbeiten am Koralmtunnel (KAT) wurden von den Tunnelplaner:innen in drei Baulose und damit in drei Bauphasen unterteilt. Das nur 5,5 km lange erste Baulos „KAT 1" am Ostportal umfasste neben einer Freilandstrecke mit vier Brücken einen 300 Meter langen Tunnelabschnitt in offener und die ersten zwei Kilometer des Haupttunnels in geschlossener Bauweise.

Im Zentrum dieser „Initialzündung" stand die „Baustelleneinrichtungsfläche Leibenfeld" südlich von Deutschlandsberg. Dieses riesige Areal war eine der Hauptbühnen des gesamten Bau-Kunststücks, eine temporäre *Factory Town* gewaltigen Ausmaßes. Container für Elektriker:innen, Mechaniker:innen und Schlosser:innen, für Bauaufsicht, Management und Fachleute aller Art wurden hier aufgestellt. Vier riesige Portalkräne sowie Baukräne und verschiedenste Baumaschinen dominierten das Bild. Förderbänder lieferten ununterbrochen Schotter und Aushub aus dem Tunnel an. Zwei Schotterwerke und zwei Fabriken für Beton-Schalelemente produzierten auf Teufel komm raus; eine Anschlussbahn führte aufs Gelände; auch ein Schlafcontainerdorf für Monteur:innen und Mineur:innen wurde eingerichtet.

Auf Großbaustellen dieser Art – Normalsterbliche kennen sie meist nur aus größerer Entfernung oder von Wimmelbildern in Kinderbüchern – herrscht ein striktes Reglement, damit sich Lastautos, Lieferwägen und Lokomotiven nicht permanent wechselseitig in die Quere kommen. Über 650 große und kleine Unternehmen waren in Summe im und um das Leibenfeld und im Koralmtunnel aktiv – nicht alle, aber viele gleichzeitig. Nach Vollendung des Bauwerks wurde das Leibenfeld umfassend renaturiert (siehe Kapitel 5, „Mittendrin", S. 107).

Rund zwei Kilometer westlich des heutigen Tunnel-Ostportals befand sich auch der 60 Meter tiefe Schacht Leibenfeld, der einzige Zugang zum Tunnel von Osten her. Ab Anfang 2011 wurde von hier das zentrale zweite Baulos

„KAT 2“ in Angriff genommen. Dieser mit rund 19 Kilometern längste (und mit budgetierten 570 Millionen Euro auch teuerste) Tunnelabschnitt sollte irgendwo nahe der Landesgrenze, allerdings 1.000 Meter unter Tag, mit den von Kärnten aus arbeitenden Bautrupps zusammenzutreffen. Aufgrund geologischer wie technischer Probleme wurde der von der Arge STRABAG AG/Jäger Bau ausgeführte Abschnitt wesentlich teurer als geplant – nämlich um knapp 300 Millionen Euro.

Bleibt in unserer kleinen Einführung in die Bausystematik noch „KAT 3“: Dieser ursprünglich mit 300 Millionen budgetierte, 12 Kilometer lange „Angriff“ wurde von Kärnten, von der Baugrube Mitterpichling aus geführt. Diese war neben dem Bahnhof St. Paul die zentrale Baustelle in Kärnten, quasi das Pendant zum steirischen Leibenfeld.

Noch eine Nebenbemerkung: Nicht alles wurde an der Koralm neu erfunden. Man habe, so sagt Koralm-Boss Klaus Schneider, auch Referenzprojekte gehabt, von denen man sich etliches abschauen konnte: „Wir haben Richtung Schweiz geschaut, Richtung Lötschberg und Gotthard-Basistunnel. Die waren uns zeitlich etliche Jahre voraus, deren Erfahrungen haben uns sicher geholfen.“

## Der Großangriff der Tunnelbohrmaschinen

Wie wird im Tunnel gearbeitet? Wie groß ist der Stress, die Arbeitsbelastung unter Tage? Eine Reportage der Wochenzeitung *Falter* beschreibt den Arbeitsalltag im Tunnel-„Bergwerk“: *„Wann haben wir das letzte Mal geschossen, Karl?“, brüllt Manfred Köpf seinen Kollegen an, um den Lärm des Baggers zu übertönen. Er will wissen, wann die letzte Sprengstoffladung im Erkundungsschacht des Koralmtunnels gezündet wurde. „Vor zwei Stunden“, antwortet Karl. Noch immer hängt der beißende Geruch in der Tunnelröhre, Feinstaubkörnchen wirbeln durch die Luft. Die Männer schaffen die Gesteinsbrocken hinaus. Langsam graben sie sich im Acht-Stunden-Schichtbetrieb vom weststeirischen Leibenfeld in Richtung ihres Heimatbundeslandes Kärnten – „32,8 Kilometer insgesamt, 1,7 haben sie bereits geschafft“, erklärt Projektkoordinator Erich Fleischhacker.*

Hier wird die Arbeit an einem der Erkundungstunnel im Jahr 2006 beschrieben, wobei die Proberöhre konventionell, also mit Sprengungen und Baggerschaufeln vorangetrieben wurde. Auch einzelne Abschnitte auf Kärntner Seite wurden aufgrund der geologisch instabilen „Lavanttaler Störung“ konventionell gegraben. Den Löwenanteil der Tunnelarbeit aber leisteten drei Tunnelvortriebsmaschinen, kurz TVMs oder auch TBMs (für Tunnelbohrmaschinen). Zwei baugleiche Teleskopschildmaschinen mit den Kosenamen **Mauli 1** und **Mauli 2** bohrten sich vom Schacht Leibenfeld aus Richtung Kärnten vor; ihr Einsatz begann am 29. Jänner 2013 mit dem „Andrehen“, der feierlichen Inbetriebnahme von Mauli 1 durch Tunnelpatin Margit Fischer, der Gattin des damaligen Bundespräsidenten Heinz Fischer (SPÖ).

Wie aus einem Science-Fiction-Film sehen das Innere einer Tunnelbohrmaschine (li. o.) und das Schneidrad der „TBM“ (u.) aus. Rechts oben: Hanns Wagner, ÖBB-Fachreferent für Tunnelbau

# Die Baujahre 2004–2025

Baulos KAT 1 vom Ostportal bei Frauental bis in den Bereich Leibenfeld
Baulos KAT 2 von Leibenfeld bis zum Durchschlag zu KAT 1 und KAT 3
Baulos KAT 3 vom Westportal bis zum Durchschlag zu KAT 2

### 2004

- KORALMTUNNEL-VERTRAG ZWISCHEN BUND, KÄRNTEN, DER STEIERMARK SOWIE DEN ÖBB

### 2005

- Jubiläumsjahr in Österreich: 50 Jahre Staatsvertrag, 10 Jahre EU-Beitritt
- Youtube geht online.
- ABSCHLUSS DER UVP-VERFAHREN, TRASSENVERORDNUNG; BEGINN DER EISENBAHNRECHTLICHEN BAUVERFAHREN
- Jungfernflug des größten Passagierflugzeugs der Welt, des Airbus A380
- BAUBEGINN DER ERSTEN NEUBAUABSCHNITTE MIT WEITENDORF–WETTMANNSTÄTTEN

### 2006

- Der neue Berliner Hauptbahnhof geht in Betrieb.

### 2007

- Steve Jobs stellt das erste iPhone vor.
- INBETRIEBNAHME KLAGENFURT–ALTHOFEN
- BAUBEGINN BAHNHOF ST. PAUL IM LAVANTTAL bzw. KORALMTUNNEL-ABSCHNITT WETTMANNSTÄTTEN–ST. ANDRÄ
- Der 34,6 km lange Schweizer Lötschberg-Basistunnel wird in Betrieb genommen.
- Google geht online.

### 2008

- Die ersten ÖBB-Railjet-Garnituren fahren nach München, Budapest und Innsbruck.
- START BAUSCHNITT KAT 1
- Zusammenbruch der US-Großbank Lehman Brothers. Höhepunkt der Finanzkrise 2007–2008

### 2009

- Die Kryptowährung Bitcoin wird gestartet.

### 2010

- BAUBEGINN AICH-MITTLERN–ALTHOFEN/DRAU
- Der Europäische Rat beschließt die Einrichtung des Euro-Rettungsschirms mit einem Umfang von 750 Milliarden Euro.
- INBETRIEBNAHME WERNDORF–WETTMANNSTÄTTEN

**2011**

- TUNNELANSCHLAG BAULOS KAT 2
- Letzter Flug eines Space Shuttles: Die Raumfähre „Atlantis“ fliegt zur ISS.

**2013**

- AUFNAHME DER KORALMBAHN IN DAS KERNNETZ DER EU
- ANDREHEN DER TUNNELBOHRMASCHINEN MAULI 1 UND MAULI 2
- START BAUABSCHNITT KAT 3

**2014**

- Facebook kauft WhatsApp.
- Eröffnung des Wiener Hauptbahnhofs

**2015**

- BAUBEGINN GRANITZTALTUNNEL; ANDREHEN DER TUNNELBOHRMASCHINE KORA; BAUSTART NOTHALTESTELLE
- FERTIGSTELLUNG GRAZ HAUPTBAHNHOF

**2016**

- Eröffnung des 57 km langen Gotthard-Basistunnels bzw. der Neubaustrecke Gotthard-Süd in der Schweiz
- Brexit-Referendum: Großbritannien verlässt die EU.
- Alexander Van der Bellen wird im dritten Anlauf österreichischer Bundespräsident.

**2018**

- ERSTER TUNNELDURCHSCHLAG ZWISCHEN KÄRNTEN UND STEIERMARK IN DER SÜDRÖHRE

**2020**

- ZWEITER TUNNELDURCHSCHLAG IN DER NORDRÖHRE
- BAUBEGINN FLUGHAFENAST GRAZ

**2021**

- Das Klimaticket, eine österreichweite Öffi-Netzkarte, wird Realität.

**2023**

- ERSTE TUNNELDURCHFAHRT DURCH DEN KORALMTUNNEL MIT PROMINENTEN FAHRGÄSTEN

**2024**

- INBETRIEBNAHME IN KÄRNTEN MIT GRANITZTALTUNNEL, JAUNTALBRÜCKE UND BAHNHOF ST. PAUL IM LAVANTTAL
- BAULICHE FERTIGSTELLUNG

**2025**

- TESTFAHRTEN UND EINSCHULUNGEN AUF DER STRECKE UND IM TUNNEL
- REGELBETRIEB MIT GÜTERZÜGEN
- 14.12. OFFIZIELLE ERÖFFNUNG DER KORALMBAHN FÜR DEN PERSONENVERKEHR

Dieser „Megamaulwurf" mit einer imposanten Höhe von zehn Metern musste sich 17,2 Kilometer direttissima und ohne „Zwischenangriff", also ohne zusätzliche Öffnung von außen, in den Berg hineinfressen, was bis heute als Weltrekord gewertet wird. Um überhaupt losfahren zu können, waren die Einzelteile der TBMs vorab Stück für Stück von der Oberfläche in den Schacht Leibenfeld gehievt und in 60 Meter Tiefe zusammengebaut worden – allein das war eine drei Monate dauernde logistische Meisterleistung.

Eine TBM ist natürlich keine Bohrmaschine, die man im Baumarkt nebenan kaufen kann, sondern ein maßgeschneidertes, rund 20 Millionen Euro teures Supersize-Tool, dessen Herstellung bis zu zwei Jahre dauert. Die zwei steirischen Maschinen wurden von der deutschen Aker Wirth GmbH gebaut, die Kärntner Tunnelbohrmaschine **KORA** (siehe auch die schematische Darstellung, S. 89) stammte von der Firma Herrenknecht aus Baden-Württemberg. Man darf sich eine TBM als den erfüllten Traum aller Maschinenbauer:innen vorstellen: Die fahrbaren, knapp 200 Meter langen und 2.500 Tonnen schweren „Bohrfabriken" bringen mit 10.000 PS starken Elektromotoren das rund 190 Tonnen schwere Schneidrad in Rotation, das sich nun mit 3 bis 5 Umdrehungen pro Minute ins Gebirge frisst. Bis zu 20 Meter Vortrieb pro Tag sind möglich, im Koralmtunnel betrug die Bohrleistung im Schnitt 10 Meter pro Tag. Den scharfen Klauen des Megamaulwurfs widersetzt sich nicht einmal der allerhärteste Gneis. Die Rollenmeißel frästen sich unerbittlich in die „Ortsbrust", wie die Tunnelfront genannt wird. Man will sich das Getöse, Gebrüll, Gekreische und Gerüttle auf der Maschine gar nicht vorstellen. „Die Arbeiter tragen Gehörschutz, eine Verständigung ist kaum möglich", erzählt Hanns Wagner, Fachreferent für Tunnelbau, der immer wieder ganz vorn im Bohrkopf zu Besuch war. Die Maschinenführer, die Dompteure des Riesenmonsters, steuern über Bildschirme, Sensoren und mit stets wachem Blick auf das abfallende Gestein den Vortrieb. Mit ihm sind bei 30 bis 35 Grad Hitze und im Sprühnebel der Wasserdüsen weitere sechs bis sieben Mineure in und auf der Maschine beschäftigt, Dutzende Serviceleute wie Lokführer gehören ebenfalls zu einer Schicht.

Je nach Konstruktion stützt sich eine TVM nach hinten auf dem bereits eingebauten Tunnelmantel oder dem nackten Fels ab, um volle Kraft nach vorne auf den Bohrkopf zu bekommen. Manchmal leistet der Berg Widerstand, legt sich quer, stemmt sich erbittert gegen die in ihn eindringende Maschine, was am Koralmtunnel auch mehrfach geschah. Solche „Verklemmungen" kosten Zeit, Nerven – und einen Haufen Geld. „Da geht's wirklich um viel, da geht es oft auch um die bauvertragliche Klärung und wer letztlich für den Schaden zahlt", weiß Dietmar Schubel, Projektleiter der Rohbauphase. Konkret kann jeder „Stehtag" mehr als 100.000 Euro kosten. Insgesamt standen die drei Tunnelbohrmaschinen laut Rechnungshofbericht in Summe 538 Tage still – was letzten Endes die Fertigstellung des Gesamtprojekts um zwei Jahre verzögerte und, laut Hanns Wagner, den Bau insgesamt um „eine hohe Millionensumme" verteuerte.

Abgesehen von quasi unvermeidbaren Streitigkeiten und Prozessen rund ums liebe Geld ist die Mühsal, nach einem erzwungenen Stillstand, einer Verklemmung das haushohe Bohrschild wieder freizukriegen, kaum vorstellbar. Tunnelexperte Wagner erzählt, dass die Arbeiter unter dem Stahlmantel des Schilds und durch den Bohrkopf nach vorne klettern und die Maschine wochenlang mit einfachstem Werkzeug, auch mit Krampen und Spaten, freischaufeln mussten. „Das haben vor allem polnische Mineure gemacht, die wissen noch aus dem Kohlebergbau, wie das geht, da hat man höchsten Respekt", erinnert er sich an diese spezielle Sonderprüfung.

Schon im Normalbetrieb ist die Arbeit unter Tage alles andere als ein reines Vergnügen. In drei Acht-Stunden-Schichten sind je 150 Mann rund ums Jahr, mit Ausnahme von Ostern, dem Gedenktag der heiligen Barbara am 4. Dezember sowie den Weihnachtstagen, im Berg. Die Temperatur im Tunnelstollen beträgt bis zu 32 Grad Celsius. Nach zehn Tagen haben die Teams vier Tage frei, wobei auch ein 9/5-Tage-Rhythmus praktiziert wurde. „Wir reden bisweilen zu viel über technische Superlative und zu wenig über das Team", meint Gesamtprojektleiter Klaus Schneider, der sich bei gröberen Problemen immer wieder selbst ein Bild der Lage vor Ort machen musste. Praktisch täglich war er mit Überraschungen konfrontiert, erlebte wie seine Kolleg:innen den Tunnelbau als großes Abenteuer und stieß im Laufe der Jahre oftmals an Leistungs- und Belastungsgrenzen körperlicher wie mentaler Art. Dass es für die verantwortlichen Manager:innen und Eigentümervertreter:innen immens wichtig war, sich nicht nur auf mündliche und schriftliche Berichte von der Baufront zu verlassen, weiß auch Infra-Vorständin Engel: „Man versteht die Lage zwar theoretisch, aber der Eindruck vor Ort hat für mich einen enormen Mehrwert. Ohne diesen tu ich mir schwer, allfällige Probleme richtiggehend erspüren zu können."

Zurück zur Maschine selbst. Der mächtige Bohrkopf mit dem Schneidrad allein macht, wie bereits angedeutet, noch lange keine ganze TVM aus: Gleich hinter ihm befindet sich jener Teil, in dem die sogenannten Tübbinge montiert werden. Je sechs oder sieben dieser tonnenschweren, 35 Zentimeter starken Stahlbetonsegmente werden zu einem Ring, dem Tunnelmantel, zusammengefügt. Jeder einzelne dieser Ringe kommt dann auf ein stolzes Gewicht von 45 Tonnen. Dass Tübbinge auf Zehntelmillimeter genau gegossen werden müssen, um sich nahtlos verschrauben zu lassen, ist nur eine der für Laien kaum vorstellbaren technischen Herausforderungen.

Doch wie kommen die Tübbinge überhaupt von der Fabrik bis ganz nach vorne an die Tunnelfront? Die 30 Loks der insgesamt 90 Kilometer langen Stollenbahn zogen oder schoben die beladenen Waggons unter der TBM bis fast ganz nach vorne, von wo die Elemente über eine Art Schlitten und letztlich von

ÖBB-Projektkoordinator Andreas Kiesling: Tunnel-Diplomat und geduldiger Verhandler

einem Kran in die richtige Position gehievt wurden. Alles in allem ein Wunder der Technik – und der handelnden Monteur:innen.

Hinter der Tübbing-Montageeinheit besitzt unsere imposante Maschine noch einen vielgliedrigen „Nachläufer", in dem viele weitere technische Wunderwerke verbaut sind. Dazu nur ein bemerkenswertes Detail: Das aus dem Berg geschremmte, von einem Brecher zerkleinerte Felsmaterial muss permanent über Förderschnecken, Schaufelräder, Förderbänder, diverse Umladestationen und nochmals viele Kilometer lange Bänder zum Ausgang geschafft werden. „Die Förderbandlogistik über die lange Distanz war ungemein aufwendig. Der Gneis ist zum Teil in schwertförmigen Brocken abgebrochen, das scharfkantige Material hat dann in der Folge die Förderbänder aufgeschlitzt", erzählt Hanns Wagner vom ganz normalen Arbeitswahnsinn unter der Erde.

Der Nachläufer ist auch prall gefüllt mit Versorgungseinheiten für Strom, Druckluft und Kühlwasser. Kräne, Serviceeinrichtungen, Räume für Personal wie Material gehören zum Inventar; die Maschine erinnert an ein Raumschiff aus einem Science-Fiction-Film. Und irgendwie passt dieses Bild wirklich: Die TVMs dringen, so wie schnelle Raumkreuzer in utopischen Filmen, ständig in unentdeckte Universen vor, erobern Orte, die bis dahin noch nie ein Mensch betreten hat.

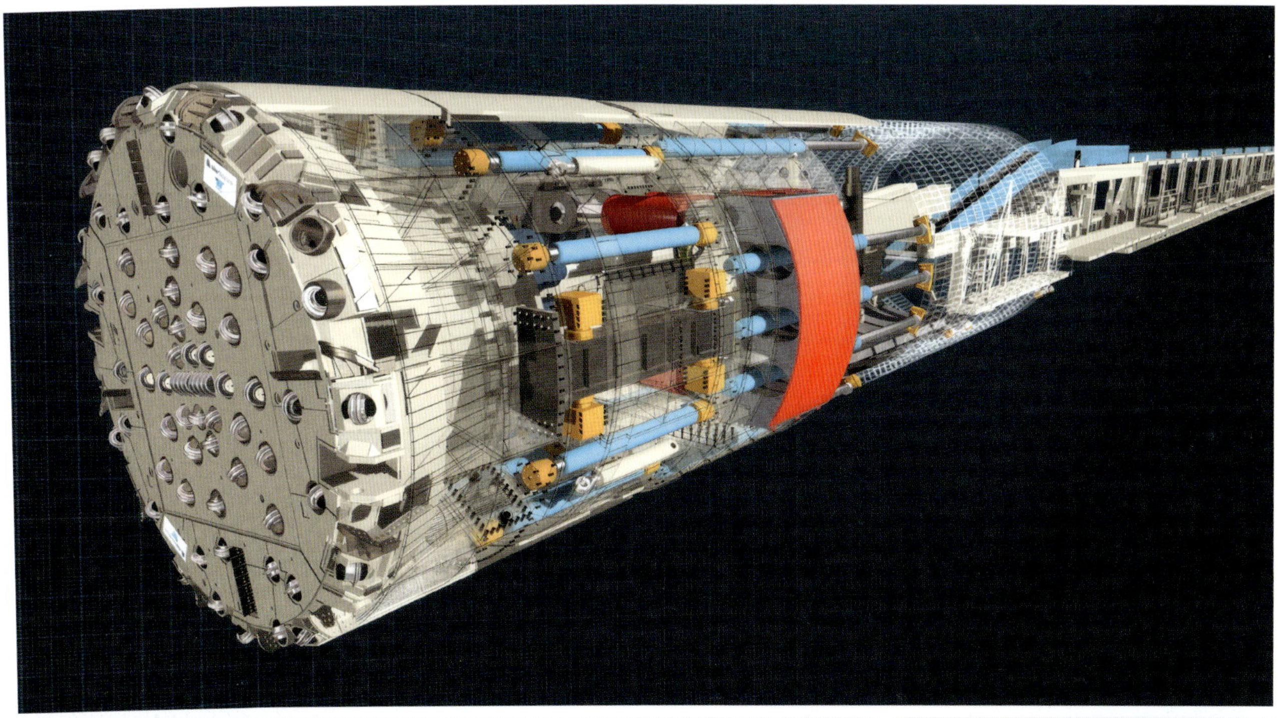

Schematische Darstellung der Tunnelbohrmaschine (o.),
Auskleidung mit Tübbingen (u. li.), Einfahrt der Grubenbahn in die TBM (u. re.)

Und was passiert nun eigentlich mit unseren Megamaschinen, wenn der „Durchschlag“ endlich geschafft, die Röhre fertig gebohrt ist? Sie können weder umdrehen noch im Rückwärtsgang hinaus ins Tageslicht rollen und sitzen regelrecht in der Falle, denn hinter ihnen ist der Tunnel durch Betonverkleidungen und andere Aus- und Einbauten längst zu eng für einen geordneten Rückzug geworden. Die Maschinen müssen also im Tunnel zerlegt und mühsam Stück für Stück nach draußen geschafft werden. Viele Komponenten sind nach dem jahrelangen Einsatz ohnedies reif für den Schrottplatz, nur einzelne Einheiten können Teil einer anderen, neuen Tunnelvortriebsmaschine werden.

## Endlich: Durchschlag

Zu allen ganz normalen Schwierigkeiten gesellte sich auf der Koralm-Baustelle zu guter Letzt auch noch die Coronapandemie. Der Fortgang der Bauarbeiten wurde ab Frühjahr 2020 schwer beeinträchtigt, kurzfristig musste die Arbeit sogar komplett eingestellt werden. „Das war schon eine besonders herausfordernde Phase“, sagt Projektleiter Klaus Schneider. Mauli 1 war zu diesem Zeitpunkt schon „durch“ und exakt am 14. August 2018 punktgenau auf die Kollegen aus Kärnten gestoßen; erst knappe zwei Jahre später, am 17. Juni 2020, sollte die Kärnter KORA dann den finalen Durchschlag in der Nordröhre schaffen. War 2018 noch traditionell gefeiert worden, war das im ersten Coronajahr undenkbar – dennoch oder gerade deshalb, so erzählt Schneider, war dieser Tag „besonders emotional. Da hatten auch die ganz harten Burschen Tränen in den Augen.“

Die letzten Meter, das Fallen der letzten schweren Gesteinsklumpen, gigantische Staubwolken, das erste Loch in der Felsmauer, der erste Blick hinüber zu den Kollegen, die ersten, mit Schutzanzügen bekleideten, staubbedeckten Arbeiter, die von drüben nach herüben klettern – man kann sich diese Momente, die 2020 ohne Umarmungen und Festgelage vonstattengehen mussten, heute noch per Video anschauen. Wirklich vorstellen kann man sich aber nicht, welche Gefühle da bei allen direkt wie indirekt Beteiligten frei wurden. Rund 12 Millionen Tonnen festes und lockeres, hundsgemeines und ganz braves Koralmgestein hatten sie und ihre Maschinen in zehn langen Jahren aus den Röhren nach draußen geschafft. Klaus Schneider spricht von einer „Achterbahn an Erfolgen, Rückschlägen und Emotionen“ nach erfolgtem Durchschlag, die nun hinter ihm und seinem Team gelegen wären, es habe viele Krisen gegeben, „aber auch außergewöhnlichen Pioniergeist, der mit jedem Problem gewachsen ist“. Und wie resümiert sein Kollege, Projektleiter Schubel, so schön? „Die Rohbauphase *(des Tunnels, Anm.)* überstanden zu haben, das war eine ungeheure Erleichterung, da ist schon viel Druck abgefallen.“

Jubelnde Projekt-mitarbeiter:innen: Wir sind durch!

Links: Sobald die TBM „drüben“ sichtbar wird (o.), erfolgen Sicherungsarbeiten (u.). Rechts: Das offizielle Siegerfoto: „Mauli 1“ und seine Mineure haben es geschafft (o.). Willkommen herüben! Shakehands der Mineur-Trupps (u.)

Feinarbeit: Die Gleistrageplatten werden eingebracht.

## Die feine Innenausstattung

Es ist nun nicht so, dass nach dem finalen Durchschlag das Projekt Koralmtunnel vor seiner plötzlichen Vollendung stand. Sicher, das Allerärgste war überstanden – aber bekanntlich macht die Innenarchitektur auch noch jede Menge Arbeit.

Alle 500 Meter wurden die beiden Hauptröhren schon in der Rohbauphase durch sogenannte Querschläge verbunden. Diese 70 Durchlässe wurden mit Sicherheits-, Elektro- und Telekomtechnik ausgestattet, dazu 90 Klimaanlagen installiert. In Summe wurden im Tunnel stattliche 2.000 Kilometer Kabelstränge verlegt, wobei die Ingenieur- und Installationstrupps aufpassen mussten, schon vor Schichtbeginn draußen immer das richtige Material und Werkzeug einzupacken: Die Anfahrtswege zur Tunnelmitte waren von steirischer Seite bis zu 17 Kilometer lang, die Arbeiter:innen nutzten dafür neben diversen Baustellenfahrzeugen für kürzere Wege auch Golfcarts sowie Fahrräder.

Die „Fahrbahn" wurde, auch keine leichte Arbeit, mit 13.000 elastischen Gleistrageplatten belegt, jedes Stück 5 Meter lang, 2,4 Meter breit und 5 Tonnen schwer. So entstand eine Fläche, die für Laien am ehesten mit ungewöhnlichen Vergleichen vorstellbar ist: rund 210 Tennisplätze groß; und rund 6.500 Elefanten schwer. Geliefert wurden die Platten aus dem fernen Niederösterreich, natürlich per Schiene. Auf diese Fahrbahnelemente wurden dann die 120 Meter langen, für Geschwindigkeiten bis zu 250 km/h ausgelegten Spezialschienen

Die ersten Probefahrten erfolgen „mit gemächlicher Geschwindigkeit“.

geschraubt. Die Oberleitung, genauer gesagt eine Deckenstromschiene, wurde eingezogen, auch das höchste Präzisionsarbeit, speziell beim engen Tunnelquerschnitt. Installiert wurden weiters das Zugsicherungssystem *European Train Control System* (ETCS) sowie diverse Automatisierungssysteme, die der Überwachung von Anlagen sowie der Datenübertragung dienen. Dazu kamen Funk-Strahlerkabel, die den Lokführer:innen permanenten Zugriff auf ihre Instrumente und den Passagier:innen auf ihre mobilen Endgeräte ermöglichen.

In Summe, so errechneten die zuständigen Techniker:innen, wurden in der Bau- und Ausstattungsphase 380.000 Kilometer „Logistikfahrten“ absolviert – eine Distanz wie die Entfernung der Erde zum Mond.

Immer wieder erstaunlich ist es auch, nachzuempfinden, wie rasant sich die technischen Standards während Planungs- und Bauphase entwickelten. Zu Beginn telefonierte man noch im D-Netz; 2025 längst selbstverständliche Tools und Apps existierten um die Jahrtausendwende noch gar nicht (siehe auch Zeitstrahl, S. 42/43 und 84/85). Eine permanente Adaption der technischen Niveaus und Programmversionen war nötig, wobei die Planer:innen darauf achten mussten, nur wirklich nötige Änderungen zuzulassen, damit die Kosten nicht aus dem Ruder liefen – ein Fehler, der etwa die Riesenbaustelle für den Berliner Flughafen wiederholt um Jahre zurückwarf. „Am Ende hatte man in Berlin was gebaut, das nichts mehr mit der ursprünglichen Genehmigung zu tun hatte“, sagt Klaus Schneider rückblickend.

Links: Sicherheit ist alles: Hochleistungsinstandhaltungsfahrzeug (o.), in der Testphase im Frühjahr 2025 ist der „Rail Checker“ dran (u.).
Rechts: Alles unter Kontrolle: Projektmanager Jürgen Egger, Koordinator der Test- und Probephase

ÖBB
Jürgen Egger
Öffnen
Schließen
Elektrotechnischer Messwagen
Kein Einstieg
für Reisende

Wir machen, dass die Züge fahren: Fahrdienstleiterin in Villach

## Sicherheit geht über alles

Es liest sich schrecklich genug: Über eine Stiege auf der Tunnelvortriebsmaschine fünf Meter abgestürzt; von einem Bagger an die Tunnelwand gedrückt; beim Zusammenstoß von zwei Transportzügen verletzt. Mehr als ein Dutzend Arbeitsunfälle auf den Tunnelbaustellen der Koralmbahn sind dokumentiert, drei davon endeten tödlich. Schuld waren dabei nicht fehlerhafte Sicherheitssysteme, sondern es handelte sich um „menschliches Versagen“ – was die Unglücksfälle nicht weniger tragisch macht. Arbeiter aus Österreich, der Slowakei, aus Portugal und Polen waren betroffen. Jeder Unfall ist einer zu viel, doch die Wahrheit ist: Im Vergleich zu anderen Tunneln gab es im Koralmtunnel nur wenige schwere „Ereignisse“. Wie Projektkoordinator Andreas Kiesling betont, ist der Tunnelbau heute um vieles sicherer als noch vor wenigen Jahrzehnten. „Früher galt die statistische Regel, dass es pro Kilometer Tunnel einen Toten gibt. Das gilt heute schon lange nicht mehr.“

Doch die Bauphase ist die eine, der Fahrbetrieb noch einmal eine völlig andere Sache. Damit im Regelverkehr Stör- und Schadensfälle gegen null reduziert werden, wurden höchste Sicherheitsstandards eingezogen und ein ausgeklügeltes Rettungssystem entwickelt. Das Grundprinzip im Koralmtunnel lautete: so einfach wie nur möglich zu bauen. Um die Störanfälligkeit zu minimieren, gibt es im Tunnelbereich keine einzige Weiche, keine Überleitstelle von einer zur anderen Röhre, obwohl sich die Vertreter:innen des Fahrbetriebs dies gewünscht hätten. Die Querschläge dienen im Fall des Falles als Fluchträume und -wege in die andere, sichere Röhre. In der Mitte des Tunnels wurde eine 920 Meter lange Nothaltestelle mit Rettungsraum eingerichtet – ein Ort, der hoffentlich niemals gebraucht wird. An den zwei Bahnhöfen vor den

Portalen des Tunnels sind Rettungszüge, sogenannte Hightech-Hybrid-Servicejets der Firma Stadler stationiert. Diese Hybrid-Züge werden „situationselastisch" mit Strom aus der Oberleitung, aus Akkus oder auch mit Dieselaggregaten betrieben. Sie sind bis zu 160 km/h schnell und rund um die Uhr von zwei Mitarbeiter:innen besetzt, die bei Bedarf lokal alarmierte Einsatzkräfte gleich mit an Bord nehmen können. Diese seit 2025 auch an anderen Orten stationierten Servicejets sind mit modernstem Feuerwehr- und Rettungsequipment, mit Löschwasser und Hochdruckwasserwerfern ausgerüstet. Sie können havarierte Garnituren aus dem Tunnel schleppen und selbst bis zu 324 Passagier:innen aufnehmen und in Sicherheit bringen – Situationen, an die kein Fahrgast denken mag, für die aber bestmöglich Vorsorge getroffen werden muss. Sie bringen aber auch Servicepersonal ganz routinemäßig zu Wartungsarbeiten in den Tunnel.

Die Führerstandsperspektive: 33 Kilometer „Tunnelblick"

Letztes Detail zum Thema Sicherheit: Der randliche Fluchtweg neben den Gleisen ist in voller Länge mit einem Handlauf ausgestattet, der im „Ereignisfall", wie das etwas euphemistisch genannt wird, auch beleuchtet wird, um Personen von allen Punkten des ansonsten finsteren Tunnels den Weg zum nächsten sicheren Querschlag, zum nächsten Schutzraum zu weisen.

Herwig Egger, stellvertretender Leiter der „Betriebsführungszentrale Villach“, hat die Züge unter Kontrolle (o.). Üben für den Ernstfall: Sicher ist sicher! (u.)

## Üben, üben, üben!

Wer und wann wirklich das allererste Mal mit einer Zuggarnitur die gesamten 33 Kilometer von Portal zu Portal durch den großen Tunnel gefahren ist, werden wir wohl nie gesichert erfahren. Sicher ist nur, dass der erste, mit prominenten Fahrgästen besetzte Zug am 12. Juni 2023, wie in einer ÖBB-Aussendung zu lesen ist, *mit gemächlicher Geschwindigkeit* von einer Seite zur anderen rollte. Mit an Bord waren die beiden Landeshauptmänner, Verkehrslandesrätin und -rat, ÖBB-Infra-Vorständin Engel und natürlich „Tunnelchef" Schneider. Übers Jahr 2024 fuhren weitere Sonderzüge mit Techniker:innen, Promis und Presseleuten durch den Berg; abgeschlossen wurde das letzte Baujahr am 28. November 2024 dann mit einem Event zur Feier der baulichen Fertigstellung. Da waren dann auch schon ÖBB-General Andreas Matthä sowie Klimaschutzministerin Leonore Gewessler mit dabei, der man als erklärter Freundin der Schiene die demonstrative Begeisterung durchaus abnahm.

Wirklich ernst wurde es im Tunnel im April 2025: Endlich konnte die Test- und Übungsphase am realen Objekt gestartet werden. In Summe, so erzählt der dafür zuständige Projektkoordinator Jürgen Egger, wurden ab dem zweiten Quartal 2025 über 280 „Hochtast-" bzw. „Akzeptanzfahrten" mit zunehmender Geschwindigkeit und in Summe vielen Tausend Testkilometern absolviert. Erschütterungen, Signalstärken, Energieversorgung, die Krafteinwirkungen auf den Stromabnehmer, wirklich alles Messbare wurde gemessen, die Funktion der ETCS-Zugsicherung und noch vieles mehr geprüft, letzte Korrekturen an Installation und Material ausgeführt. Für finale Aufräumarbeiten vor den ersten Schnelldurchfahrten waren sogar eine Art Riesenstaubsauger durch den Tunnel geschickt und Staubfreifahrten mit alten Lokomotiven absolviert worden, um für klare Luft- und Sichtverhältnisse zu sorgen, denn bei 250 km/h wird durch den Sog viel Staub aus allen Ritzen und Spalten aufgewirbelt. Diese Test- und Highspeedfahrten wurden von eigens abgestellten, erfahrenen Mess- und Lehrlokführer:innen-Teams durchgeführt.

Der Eindruck, den Testpilot Albert Schneitter von der Strecke insgesamt gewonnen hat, erstaunt doch: „Es ist die schönste Strecke, die ich kenne, man sieht auch viel Landschaft", sagte er, und nein, das Zurasen auf das Portal, die Tunneldurchfahrt mit 250 Sachen, das ist wohl spannend, aber keinesfalls eine besonders außergewöhnliche Belastung für den coolen Profi aus dem fernen Tirol, der so wie seine Kolleg:innen auf Probe- und Testfahrten im gesamten Streckennetz spezialisiert ist.

Bei diesen Fahrten wurden auch Videos gedreht, um Lokführer:innen im weiteren Verlauf im Simulator auf den Regelbetrieb einzuschulen, bevor sie schließlich selbst Probefahrten mit 250 km/h absolvieren durften. Rettungskräfte und Feuerwehren, Fahrdienstleiter:innen, Signalmeister:innen, Einsatz-

Lokführer auf Testfahrt am Weg in den neuen Koralmtunnel

leiter:innen, Sachverständige und Studierende besichtigten in dieser heißen Phase im Sommer 2025 den Bau, überschütteten Techniker:innen und Ingenieur:innen mit Fragen. Geübt und getestet wurde naturgemäß auch die Zugfunkkommunikation zwischen Pilot:in und Tower, sprich Lokführer:in und der Betriebsführungszentrale (BFZ) in Villach, ein hochsensibler „Link", der zu allen Zeiten und bei jeder Gelegenheit stabil bleiben muss. Von dieser BFZ, so erzählt deren stellvertretender Leiter Herwig Egger, werden rund um die Uhr über Hunderte Bildschirme sämtliche Zugbewegungen im südlichen Österreich, vom Semmering bis nach Tarvis, von Spielfeld bis Selzthal oder hinauf bis nach Sillian, gesteuert. Je rund 40 der rund 200 Fahrdienstleiter:innen und Zuglenker:innen stellen in Zwölf-Stunden-Schichten per Monitor Signale und geben „Zugstraßen" frei. Aber Achtung – hier wird nicht Modelleisenbahn gespielt. In dem abgedunkelten Saal wird hoch konzentriert gearbeitet, die Belastung des Personals entspricht jener von Fluglots:innen. Auch eventuell auftretende Stör- und Notfälle im Tunnel müssten von der BFZ Villach und den

eigenen Notfallkoordinator:innen gemanagt werden. „Geübt wurde und wird dafür sowohl bei uns in Villach wie draußen auf der Strecke jedenfalls zur Genüge", versichert Egger.

Für den Ernstfall gibt es in der Tunnelmitte eine Nothaltestelle.

Sukzessive wurde 2025 alle Verantwortung, wurden alle Datenbanken wie technischen Anlagen von den Tunnelbauer:innen an den regulären Fahrbetrieb übergeben – auch das in einem komplexen Ablaufprozess geregelt.

Irgendwann aber ist genug gebaut und genug geübt: Ab Oktober 2025 wurde schließlich von der Testphase in den Echtbetrieb gewechselt. Welch ein Moment! Vorerst durften nur Güterzüge – mit 100, nicht mit 250 km/h – die auf Herz und Nieren getestete Tunnelröhre durchfahren. Ab 14. Dezember 2025 startet dann nach einem feierlichen Festakt letzten Endes der „ganz normale" Regel-Personenverkehr. Ein magischer Tag, den nicht nur Projektleiter:innen und Landeshauptleute, Bürgermeisterinnen und Bürgermeister, sondern auch viele ÖBB-Kund:innen sehnsüchtig erwartet haben.

Mit Dezember 2025 wird auf der Koralmbahn also ganz routiniert und ohne viel Aufhebens angefahren und beschleunigt, sanft abgebremst und die Garnitur schließlich auf den Meter genau am Bahnsteig zum Stillstand gebracht. Dafür braucht es trotz aller technischer Hilfsmittel tatsächlich noch immer viel G'spür für die Maschine. Denn, nur als Beispiel: Eine rund 200 Meter lange Railjet-Einfachgarnitur hat – von 230 km/h runter auf null – einen regulären Bremsweg von deutlich mehr als einem Kilometer. Das ETCS-System gibt zwar Bremspunkte und Bremsbereich vor, aber die Hand am Regler beziehungsweise am Bremshebel hat immer noch ein Mensch, der Mann oder die Frau ganz vorne: der Lokführer oder die Lokführerin.

# Der Tunnel im Längs- und Querschnitt

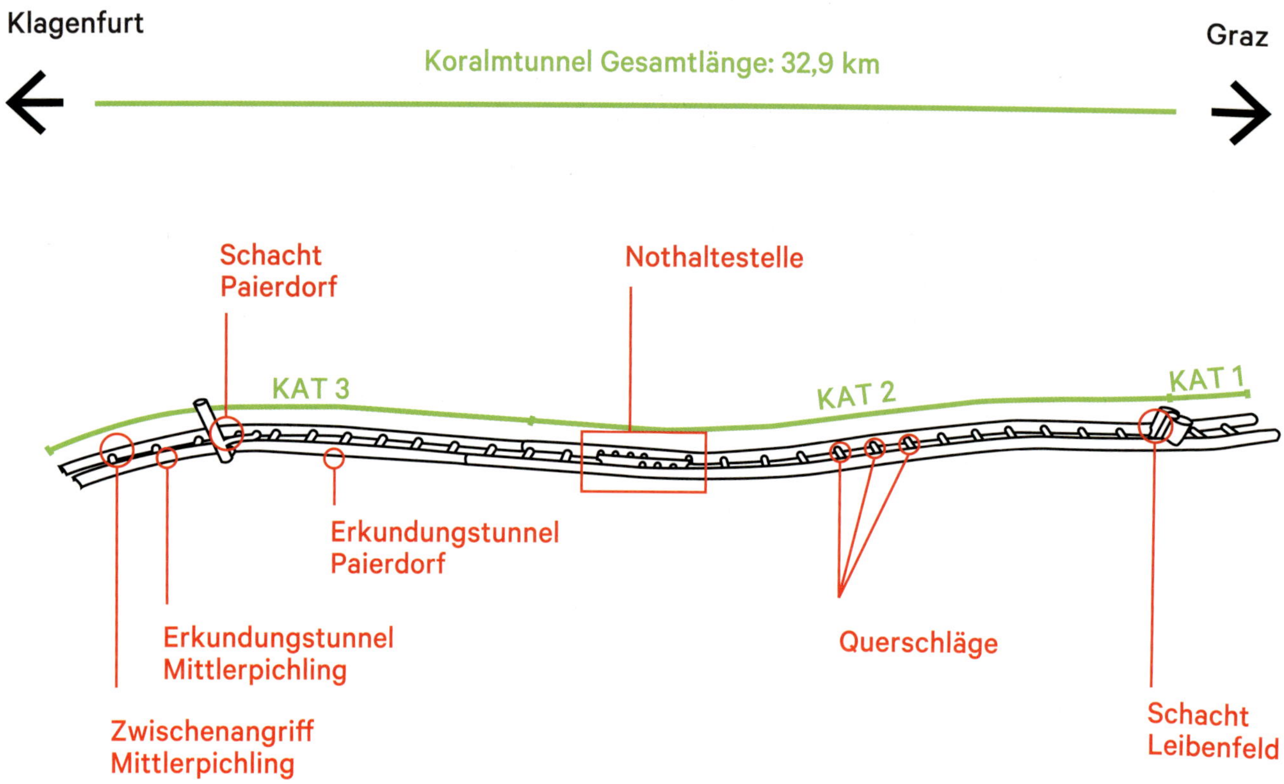


Zyklischer Vortrieb: konventionelle „Neue Österreichische Tunnelbaumethode – NAT“ mit Sprengungen und Baggern

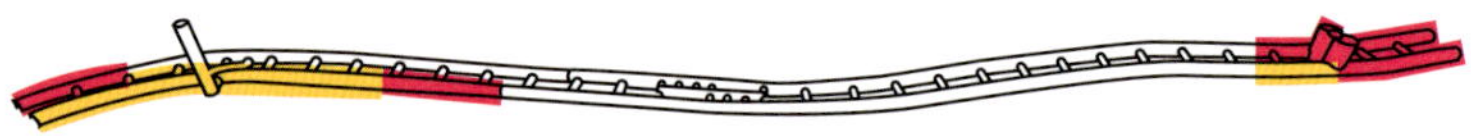

Kontinuierlicher Vortrieb: mit drei Tunnelvortriebsmaschinen (TVM)

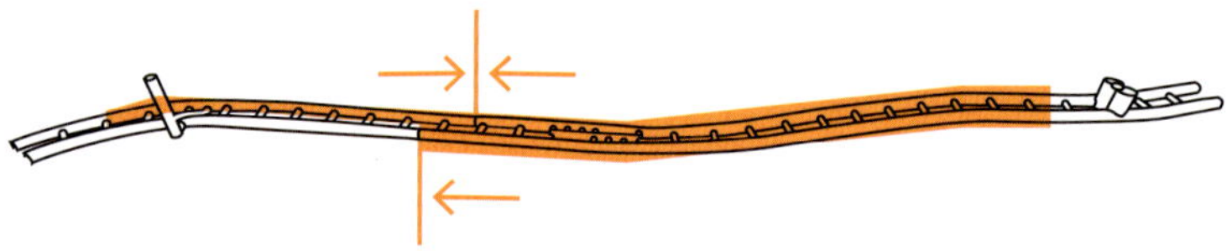

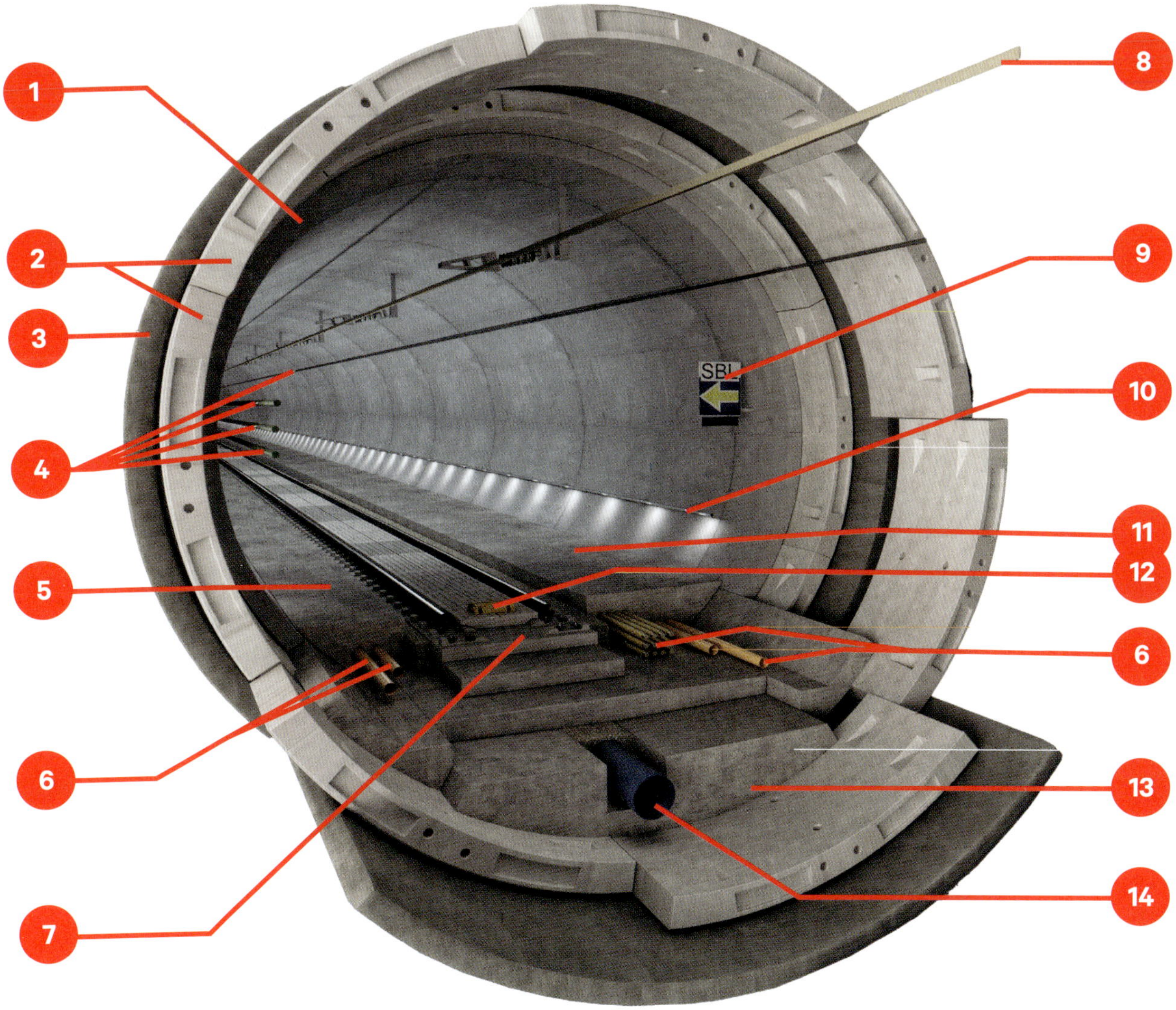


1. Innenschale
2. Tübbing-Elemente – maschineller Vortrieb
3. Ringspalt-Verfüllung – maschineller Vortrieb
4. Funk-Strahlerkabel, u. a. GSM-R, GSM-P
5. Bankett
6. Kabelwege
7. Feste Fahrbahn mit elastisch gelagerter Gleistragplatte
8. Deckenstromschiene mit Fahrdraht
9. ETCS-Halttafel / „Marker Board“
10. Beleuchteter Handlauf
11. Randweg / Fluchtweg
12. ETCS-Eurobalise
13. Sohlstein – maschineller Vortrieb
14. Bergwasser – Sohldrainage

Neubau einer Bahnstrecke: Das Landschaftsbild verändert sich.

# MITTENDRIN: DER LEBENS- UND WIRTSCHAFTSRAUM AN DER BAHN

Maria Knauder (SPÖ), Bürgermeisterin von St. Andrä im Lavanttal, glaubt, dass die meisten ihrer Gemeindebürgerinnen und -bürger in puncto neue Bahnstrecke „positiv aufgeschlossen" sind. Manches Gespräch einige Monate vor der Eröffnung scheint diesen Eindruck zu bestätigen. Ein junger Mann aus Deutschlandsberg etwa kann den Tag der Eröffnung kaum mehr erwarten, „weil dann die Schwiegermutter jede Woche von Klagenfurt zu uns kommen und auf den Nachwuchs schauen kann".

Die Stimmung im Lavant- wie im Laßnitztal ist gut: Die meisten Anrainer:innen sind froh, dass die viele Jahre dauernde Lärm- und Staubbelästigung endlich vorbei ist. Viele profitierten in den vergangenen Jahren aber auch von der Bautätigkeit. Gasthäuser und Privatquartiere waren gut gebucht, Hunderte, ja Tausende am und um den Bau Beschäftigte belebten nicht nur die Sinne, sondern auch das Geschäft.

## Im Zentrum: Umweltschutz und Ökologie

Es kann nicht geleugnet werden: Wenn hier auch ein höchst umweltfreundliches Verkehrsmittel gebaut wurde, so waren doch gewaltige Eingriffe in die Natur nötig. Nun geht es um ein Stück Rückkehr zur alten Normalität – freilich mit einer nagelneuen Lebensader im Zentrum. Um die Eingriffe in den Naturraum und ins Landschaftsbild möglichst gering zu halten, um Ökosysteme und auch die Bevölkerung bestmöglich zu schonen, wurden entlang der Trasse strenge

Umweltauflagen umgesetzt. Die Koralmbahn war nota bene das erste Projekt überhaupt, bei dem die aufwendige Umweltverträglichkeitsprüfung (UVP) zur Anwendung gelangte.

Was wurde also alles vorgeschrieben und getan, um so eine „grüne" Bahnstrecke zu bauen? Schauen wir uns um: Die Strecke verläuft auf steirischer Seite im Tal der Laßnitz, auf Kärtner Boden für ein kurzes Stück in jenem der Lavant. Beide ungefähr gleich großen Flüsse mussten im Zuge des Baus auf kurzen Abschnitten verlegt werden, und in beiden Fällen fiel das Ergebnis für die Natur wie auch fürs Auge erfreulich aus. Die Laßnitz wurde bei Groß St. Florian, nahe dem Bahnhof Weststeiermark, auf einer Strecke von rund 800 Metern umgeleitet, allerdings nicht kanalisiert. „Wir haben der Laßnitz wieder freien Lauf gelassen", sagt Projektleiter Dietmar Schubel, „sie hat jetzt mehr Fläche, kann wieder mäandrieren." Mit alten Karten wurde der ursprüngliche Flusslauf rekonstruiert und dank genauer Planung hat sich die Natur quasi selbst geheilt, denn viele wasserliebende Silber- und Bruchweiden gingen von selbst wieder auf.

Ein ähnliches Bild zeigt sich auch auf Kärntner Seite. Um den neuen Bahnhof St. Paul vor Hochwässern zu schützen, musste die Lavant auf einer Strecke von 1,4 Kilometern umgeleitet, der Fluss durch die Anlage einiger Schlingen „entschleunigt" werden. Mit Unterstützung von Landschaftsplaner:innen entstand hier aus einem ehemals begradigten Gewässer eine vitale Aulandschaft, die im Fall des Falles auch Hochwasser genügend Platz zur Ausbreitung gibt. Silber- und Bruchweiden, Schwarzerlen, Schwarzpappeln und Stieleichen haben sich angesiedelt, der Fischbestand inklusive gefährdeter Arten wie Hundsbarbe oder Frauennerfling hat sich erholt. Dazu kommt eine Vielzahl an Brutvogelarten wie Flussregenpfeifer, Eisvogel oder Zwergdommel. „Durchzügler" wie Zwergadler, Sumpfläufer und Zitronenstelze rasten gern für eine Stippvisite.

Die Planer:innen berichten stolz, dass von den rund 28 Millionen Euro, die der Bau des neuen Bahnhofs im Lavanttal kostete, zwei Millionen für die 28 Hektar große Renaturierungsfläche „abgezweigt" wurden. „Die Umlegung der Lavant zeigt", so ÖBB-Projektleiter Gerald Zwittnig, „dass ein Infrastrukturprojekt nicht gleichzeitig ein Verlust für die Umwelt sein muss. Wie sich die Natur innerhalb von zehn Jahren entwickelt hat, ist beeindruckend. Es wurde ein wichtiger Rückzugsort für Flora und Fauna geschaffen, der unberührt von Forst- und Landwirtschaft seinen eigenen Weg gehen kann."

Auch im Granitztal berührte die Großbaustelle sensible Bereiche – die ökologischen Ausgleichsflächen fielen hier sogar größer aus als das beanspruchte Baugebiet. Für Eisvögel wurden eigens neue Steilufer zur Besiedelung angelegt. In der Brenndorfer Bucht des Draustausees wurde als Ersatz für die beim Streckenbau verschwundenen Seidendorfer Teiche ein neues Wasser-Land-Biotop-System mit Inseln und Aussichtshügeln im Wasser modelliert. Im Zuge des Baus, erzählt Projektkoordinator Andreas Kiesling, wurden aber nicht nur Flüsse und

Work in progress: Die Lavant bekommt ein neues Flussbett.

Erfolgreiche Renaturierung an der Laßnitz: Es grünt so grün.

Gewässer umgelegt. Sowohl die 380-KV-Hochspannungsleitung im Bereich des Bahnhofs Weststeiermark als auch die über die Koralpe führende Gaspipeline (im Bereich des Bahnhofs St. Paul im Lavanttal) wurden neu trassiert.

Wasser ist Leben – und ein Tunnelbau ist immer auch ein Eingriff in den Wasserhaushalt der Region. Die rund um die Koralm lebenden Menschen hatten anfangs Angst, dass ihnen im wahrsten Sinn des Wortes „das Wasser abgegraben" würde. So wurden schon in Vorbereitung der Tunnel-Großbaustelle 5.000 (!) Brunnen und Quellen erfasst sowie 500 Messstellen eingerichtet – ein wahrhaft dichtes Kontrollnetz. Heute wird das Tunnelwasser über die Tunnelwände in einen Sammelkanal unter der Gleisfahrbahn geleitet. Ein Teil dieses 16 bis 21 Grad warmen Tiefenwassers wird zur Temperierung des nahen Bahnhofs Weststeiermark genutzt, der Rest fließt über Temperaturpufferteiche nach einer längeren „Cooling-off-Phase" weiter in die Laßnitz.

Verkehr erzeugt Lärm. Auch wenn die Züge nicht alle Minuten fahren, sorgen schnelle Railjets, aber auch lange Güterzüge für einen beachtlichen Geräuschpegel. Um die Anrainer:innen zu schützen, liegt der Grenzwert für diesen Pegel tagsüber bei 55 und in der Nacht bei 45 Dezibel. Um diese Vorgaben einzuhalten, werden weite Teile der Trasse von Lärmschutzwänden und -wällen begleitet. Wobei das Material für die Wälle zum größten Teil aus der Tunnelbaustelle selbst stammt. Immerhin wurden ja Millionen Tonnen Gesteinsmaterial aus den Röhren geholt, das, aufbereitet und sortiert, zu einem guten Drittel wieder als Frostschutz-Unterbau, für neue Bahndämme oder eben für Lärmschutzwälle wiederverwertet wurde. Diese Wälle wurden mit Sträuchern und Bäumen bepflanzt sowie mit Blumen- und Wiesensaatgut begrünt. Roter Klee und Margerite, Berberitze, Speierling, Mandelweide, aber auch die Edelkastanie blühen und gedeihen wieder am Bahndamm.

Nochmals zurück zum Ausbruchmaterial: 17 Prozent davon konnten zu Beton verarbeitet oder zu Tübbingen gegossen werden, mit denen die Tunnelwände verschalt wurden. Ein Drittel des Materials wurde per Bahn auf Deponien gefahren oder lagert 2025 noch vor Ort. Nur das besonders feinkörnige Abraummaterial galt zunächst als nicht wiederverwertbar. Also ließ Projektleiter Schubel mit seinem Team und externen Fachleuten erforschen, ob und in welchen Mischverhältnissen diesem schluffigen Material Humus zugesetzt werden und es so für Renaturierungs- und Aufforstungsflächen Verwendung finden könnte – mit Erfolg. Die ÖBB wurden im Jahr 2018 für ihr Projekt *Einfall statt Abfall* mit dem Umweltpreis der Österreichischen Bautechnik Vereinigung ausgezeichnet.

Detail am Rande: Den Grundbesitzer:innen auf der Koralm gehört – wie auch überall sonst – ihr Grund und Boden bis hinunter in unergründliche Tiefen, theoretisch bis zum Erdmittelpunkt. Und damit fällt jenen Personen, unter deren Wäldern und Almen der Tunnel verläuft, auch sämtliches aus dem Untergrund gebaggerte Ausbruchmaterial zu. Obwohl das Waldgebiet des von Christoph Habsburg-Lothringen geführten Schütteschen Forstbetriebs von den ÖBB nie betreten oder gar aufgegraben werden musste, erhielt der Betrieb allein für das aus dem Tunnelschacht gebaggerte Material rund eine Viertelmillion Euro. Insgesamt mussten einige Hundert Grundbesitzer entschädigt bzw. abgelöst werden, doch alle Verfahren konnten, so Andreas Kiesling, im Konsens abgeschlossen werden: „Wir mussten mit niemandem streiten, es gab auf Kärntner Seite kein einziges Enteignungsverfahren."

An beiden Enden des Tunnels befanden sich in der heißen Bauphase, wie bereits beschrieben (siehe Kapitel 4, „Tief hinein", S. 77), riesige „Baueinrichtungsflächen". Im Osten war dies etwa die neun Hektar große Baustelle Leibenfeld, auf der sich unter anderem die Kiesaufbereitungsanlage, zwei Betonwerke, zwei Tübbingfabriken sowie eine Be- und Entladestation mitsamt den Gleisen der Anschlussbahn befanden. Nach Beendigung der Bauarbeiten wurden diese ursprünglich mit Fichten bestandenen Flächen wiederbelebt, trockene Hügel und feuchte Gräben modelliert, sogar Tothölzer als „Strukturelemente" eingebracht und, *last but not least*, rund 20.000 Bäume gepflanzt: nicht mehr standortfremde Fichten, sondern Stieleichen, Rosskastanien und andere Gehölze. Trotzdem ist die Zukunft des jungen Laubmischwäldchens ungewiss: Die Widmung der Fläche, die dem Wirtschafts- und Entwicklungsverein von Deutschlandsberg gehört, lautet auf „Industrie-Hoffnungsgebiet", was bedeutet, dass die grüne Idylle im Bedarfsfall ein zweites – und letztes – Mal weichen muss.

Bepflanzte Grüntunnel und Wildtierbrücken ermöglichen Hasen, Rehen und Co. die sichere Querung der Gleise.

Schüler:innen helfen bei der Begrünung und Auspflanzung rund um die ehemaligen Baustellen.

Insgesamt werden bis zum Jahr 2028 Flächen im Ausmaß von rund 175 Hektar neu (und grün) gestaltet und etwa 145.000 neue Bäume ausgesetzt. An mehreren Orten wurden gemeinsam mit Schulen Bepflanzungsaktionen durchgeführt, mit großem Nutzen für die Natur – und zur Freude der Schülerinnen und Schüler.

Eine weitere Maßnahme zur Schonung der Natur und ihrer Bewohner:innen war die Errichtung bepflanzter Grüntunnel und Wildtierbrücken in Absprache mit der Jägerschaft. Sie ermöglichen nicht nur Hasen und Rehen, sondern auch uns Menschen eine sichere Querung der Bahntrasse. Nahe der Haltestelle Kühnsdorf-Klopeiner See befindet sich der 230 Meter lang Grüntunnel Peratschitzen; im Waldgebiet der Dobrava wurden zwei weitere Grünbrücken und ein Durchlass errichtet. „Wir mussten beispielsweise darauf achten, dass auf unseren Baustellenstraßen keine großen Pfützen entstehen, damit Kröten und Frösche nicht ablaichen können und später bei Austrocknung der Pfützen dort verenden", erläutert Dietmar Schubel weitere strenge Auflagen der UVP. „Stattdessen haben wir besser geeignete Biotope geschaffen", erzählt der Projektleiter vom enormen Aufwand, der im Sinne von Natur und Umwelt betrieben wurde.

## Neues Leben an und mit der Bahn

Viel wurde getan, um Fauna und Flora möglichst effektiv zu schützen. Besonders wichtig ist aber, dass die Menschen, die im Einzugsgebiet entlang der Strecke wohnen, den bestmöglichen Nutzen aus dem Fernverkehranschluss ziehen können. Oberstufenschüler:innen aus Graz können jetzt schnell einmal am Samstag nach Klagenfurt fahren, um dort einen fröhlichen Tag am Wörtherseeufer zu verbringen. Umgekehrt jettet das rüstige pensionierte Paar aus Villach nicht nur auf einen Kaffee, sondern für ein ganzes Bummel- und Kulturwochenende (mit Besuch von Uhrturm und Kunsthaus!) in die Mur-Metropole. Ausflüge und Kurzurlaube ab Wien ins Schilcherland oder an den Klopeiner See werden um vieles leichter (mehr dazu in Kapitel 7, „Nichts wie hin", S. 155). Faktum ist: Die Bundesländer Österreichs rücken dank der Koralmbahn ein Stück näher zusammen, und das ist erstens ganz sicher nicht zu viel versprochen und zweitens durchwegs positiv zu sehen.

Es geht für die Regionen allerdings um mehr als nur um Ausflüge und Kurzurlaube. Es geht um bessere Erreichbarkeit und vernünftige Pendeldistanzen. Das „Pendeln-Müssen" wird ja von manchen noch immer als große Last gesehen. Den Arbeitsplatz nicht direkt im Haus oder wenigstens um die nächste Hausecke zu haben, gilt für viele als unzumutbar. Doch umgekehrt weiß man auch genau, dass vor allem in den Landeshauptstädten Graz und Klagenfurt die interessanteren (und oft besser bezahlten) Jobs warten. Oder auch im Bezirk Deutschlandsberg, wo – ebenso wie im Lavanttal – viele gute, permanent nach Fachkräften suchende Betriebe daheim sind. Pendeln ist also auch ein Gewinn für das Einkommen, die Arbeits- und auch Lebensqualität – aber nur dann, wenn die Verbindung stimmt. Im Zug, das ist hinlänglich bekannt, gibt es WLAN, der Laptop ist schnell aufgeklappt, die Zeitung aufgeblättert, der Roman (vielleicht *In einem Zug* von Daniel Glattauer?) in einer Pendel-Woche locker ausgelesen. Auf dem Weg darf man auch ein kleines Nickerchen machen. Aber nicht vergessen, den Handy-Wecker zu stellen, denn der Ausstieg kommt schneller als man denkt!

Durch kurze Pendelzeiten wie nun zwischen Graz, der Weststeiermark, St. Paul und Klagenfurt sowie die verbesserten Anschlüsse an Regional- und Nahverkehr kann in peripheren Regionen die bislang grassierende Abwanderung gebremst, vielleicht sogar gestoppt werden. Maria Knauder, im früheren Leben Intensivkrankenschwester und jetzt Bürgermeisterin von St. Andrä im Lavanttal, merkte schon Monate vor dem großen Tag im Dezember 2025, „dass wir auch als Wohngegend für ganze Familien interessanter werden", denn ab sofort ist man „mit dem Auto in zehn Minuten beim Bahnhof und dann in 30 Minuten drüben in Graz". Ihre Stadt litt bislang unter sinkenden Einwohnerzahlen, jetzt besteht zumindest Hoffnung auf eine Trendumkehr. Man braucht als Student:in jetzt nicht mehr zwingend ins Wohnheim oder in eine Wohngemeinschaft zu ziehen, sondern kann auch abseits der Universitäts- und Fachhochschulstandorte wohnen bleiben und so eine Menge Geld sparen. Die Möglichkeiten für jede und jeden Einzelnen werden vielfältiger. Universitäten hier und Fachhochschulen da sind nun in Tagespendeldistanz *easy* erreichbar. Studierende können in der Sommersaison in Klagenfurt jobben und am Abend wie-

Maria Knauder, Bürgermeisterin von St. Andrä im Lavanttal, sieht in der neuen Bahn eine Steigerung der Lebensqualität.

ÖBB-Projektleiter Dietmar Schubel (vor dem Bohrkopf der TBM) hatte auch ein genaues Auge auf das Thema Renaturierung.

der zurück nach Graz fahren. Auch der in Kärnten oft beklagte *brain drain* – die Abwanderung von gut ausgebildeten Menschen in die Zentren Graz und Wien – sollte durch die neue schnelle Verbindung zumindest gebremst werden. Die Mobilität der Menschen entlang der Trasse wird durch das breite Zugangebot jedenfalls um ein Vielfaches erhöht und das mündet in einer „Win-win-win-Situation" – für die Arbeitskräfte, die bessere Jobs finden; für die Unternehmen, die ihre Stellen leichter besetzen können; und für die Kommunen, die ihre Wohnbevölkerung erfolgreich im Ort halten. Deutschlandsbergs Stadtchef Josef Wallner bemerkte aufgrund deutlicher Fahrplanverbesserungen der Pendlerzüge bereits 2024 steigende Grundstückspreise. „Rund um unseren Bahnhof siedeln sich Rechtsanwälte und Steuerberater an, die fahren mit dem Zug und nehmen den E-Scooter mit hinein nach Graz, die brauchen jetzt gar kein Auto mehr."

Es gibt aber auch ernstzunehmende Sorgen, vor allem auf Kärntner Seite. In einer Koralmbahn-Sonderausgabe der *Kleinen Zeitung* vom Herbst 2024 liest man die Schlagzeile *Klagenfurt darf nicht auf der Strecke bleiben*. Tenor: Ohne zusätzliche Investitionen in der Lindwurmstadt und diverse raumplanerische Maßnahmen würde die Koralmbahn nur zusätzliche Pendlerströme schaffen, *die allesamt in die andere Richtung* (nach Graz, Anm.) *brausen werden*. Auch ein Kommentar thematisiert die Verlierersorgen der Kärntner, indem er festhält, dass die *45-minütige Zugverbindung ins urbanere, wirtschaftlich stärkere Graz mit Risiken verbunden* sei. Als Antwort verlangt der Autor *Weitblick* und *Kreativität* und fordert die Klagenfurterinnen und Klagenfurter auf, *noch mutiger zu werden und Visionen zuzulassen*.

Eine ganz naheliegende Vision wäre etwa, die Verbindung vom Bahnhof Klagenfurt in die Stadt durch eine großzügige Aufwertung der Bahnhofstraße deutlich attraktiver zu machen, doch die Umsetzung dieser wie anderer Visionen liegt auf Eis: Die Stadt ist knapp bei Kasse. Manch ein Experte beklagt hinter vorgehaltener Hand, dass die jeweiligen Stadtregierungen die sich bietenden Chancen noch nicht wirklich realisiert bzw. ergriffen hätten – doch was nicht ist, kann ja noch werden. *Lei lafn lossn!*

## And the winners are: Deutschlandsberg und Wolfsberg

Ein neues, starkes, sprunghaft verbessertes Angebot an öffentlichem Verkehr sucht mit Beginn 2026 nach neuer Nachfrage, nach vielgestaltiger Nutzung. Raumplanung wie Politik in den Landeshauptstädten und Bezirken sind gefordert, im wahrsten Wortsinn den Anschluss nicht zu verlieren. Es geht um Standortqualität, offensives Standortmarketing, um forcierte Betriebsansiedlungen und die Schaffung neuer Arbeitsplätze, die Etablierung von Wirtschaftswachstum. Es geht, könnte man etwas pathetisch sagen, um die Zukunft. Und damit irgendwie um alles.

Die Bezirkshauptorte Wolfsberg (o.) und Deutschlandsberg (u.)

Zwei Bezirke mit ihren Hauptorten und den darin lebenden Menschen sind es, die zweifellos am meisten von der neuen Verkehrsachse profitieren können: der steirische Bezirk Deutschlandsberg mit 61.000 Einwohner:innen auf der einen und der Bezirk Wolfsberg mit 52.000 Einwohner:innen auf der Kärntner Seite des breiten Koralmrückens. Im Lavanttal sank die Population seit den 80er-Jahren des vorigen Jahrhunderts im Gegensatz zu jener auf der steirischen Seite konstant, die Zahl der Arbeitslosen ist heute aber bemerkenswert gering. Der östlichste Bezirk Kärntens ist keine nur landwirtschaftlich geprägte Region; über 40 Prozent der Erwerbstätigen arbeiten im produzierenden Sektor, also in Industrie und Gewerbe. Leitbetrieb (und treuer Bahnkunde) ist der Papierhersteller Mondi in Frantschach, aber auch in St. Paul, St. Andrä, in Wolfsberg selbst sowie in den anderen Orten gibt es erfolgreich agierende Unternehmen. Was dem *Lofntol*, wie das Tal auf gut Kärntnerisch heißt, das höchste Pro-Kopf-Einkommen von ganz Kärnten beschert.

Vom großen Bauunternehmen über Stahl- und Anlagenbetriebe bis hin zur Ziehharmonikamanufaktur: Die Vielfalt ist ebenso groß wie der Mangel an Fachkräften – und diese muss man nun davon überzeugen, dass auch hier, „am Land", tolle Unternehmen warten. Dass in Wolfsberg und Umgebung viele holzverarbeitende Betriebe arbeiten, dürfte übrigens auch einem breiteren Publikum bekannt sein, schließlich kämpft der RZ Pellets WAC seit vielen Jahren in der Lavanttal-Arena in Wolfsberg erfolgreich um Fußballbundesliga-Punkte und wurde 2025 sogar Cup-Sieger. Die Hoffnung besteht, dass all diese Unternehmen von der Nähe zur neuen Verkehrsachse weiter profitieren, dass sie durch die neuen Zugverbindungen neue Mitarbeiter:innen akquirieren können. Das real existierende Problem: Man ist zwar blitzschnell an den beiden neuen Regionsbahnhöfen, hier wie dort aber ist die „letzte Meile", also die Frage, wie die potenziell in die Region pendelnden Fachkräfte rasch zu ihren Betrieben gelangen können, noch ungelöst.

Eine weitere Chance liegt darin, dass einige Unternehmen bald selbst „auf Schiene" verladen könnten. Direkt an der Neubaustrecke ist das nicht möglich, sehr wohl aber auf der Lavanttalbahn, auf der Bleiburger Schleife, im umgebauten Bahnhof Wettmannstätten, auf der Wieserbahn und auch auf einigen existierenden Anschlussbahnen. St. Andräs Altbürgermeister Stauber präsentiert das zwischen Stadt und Bahnhof St. Paul im Lavanttal gelegene neue Industrie-Aufschließungsareal mit Stolz. Und während mancherorts bereits die allgemein ausgebrochene „Aufschließungwut" beklagt wird, lobt Bürgermeisterin Knauder die geänderte Lage: „Wir hatten schon die Autobahn, jetzt kommt noch die Bahn dazu. Wir sind plötzlich eine zentrale Region. Ich merke, dass wir auch für die Wirtschaft immer interessanter werden." Dabei schlägt sie sich aber auch mit einigen größeren Problemen herum: „Wir haben 64 Ortschaften und 270 Kilometer Wegenetz, die Höfe und Häuser liegen verstreut. Es ist eine

Riesenherausforderung, da einen Mikro-ÖV zustande zu bringen." Die Frage, wie Pendler:innen aus ihren Weilern öffentlich zum Bahnhof St. Paul im Lavanttal kommen, ist hier wie anderswo ungeklärt – vorerst gibt es zumindest ausreichend Park-&-Ride-Plätze bei den jeweiligen Regionsbahnhöfen.

Die Situation im Osten ist ähnlich wie jene im Lavanttal. Josef Wallner, der Bürgermeister von Deutschlandsberg, sieht die neu anrollenden Züge und die damit verbundenen Entwicklungspotenziale mit erfrischendem Humor. „Bisher war's bei uns im Grenzlandbezirk schön kuschelig, wir haben Förderungen gekriegt und wenn irgendwas nicht geklappt hat, hatten wir immer die Ausrede, die periphere Lage wäre schuld. Das geht jetzt nicht mehr." Ausreden sind aktuell aber sowieso nicht mehr nötig, denn die ökonomische Lage der Stadt wie des Bezirks ist gut, etliche Hightech-Betriebe sind aktiv, von Lethargie und Passivität keine Spur. Allerdings pendelt mehr als die Hälfte der arbeitenden Bevölkerung nach Graz und ins Umland aus. Das soll sich demnächst ändern: Um neue Arbeitsplätze vor Ort zu schaffen, haben die Gemeinden Groß St. Florian, Wettmannstätten, Bad Schwanberg, St. Martin und St. Peter im Sulmtal sowie Deutschlandsberg über die Laßnitztal-Entwicklungsgesellschaft den „Koralmpark" errichtet, einen direkt beim Bahnhof Weststeiermark gelegenen Industriepark. Die fünf Gemeinden werden, so ist's paktiert, die Kommunalsteuern schwesterlich untereinander aufteilen. Die Bemühung um Betriebsansiedlungen zeitigte sogar schon vor der Bahneröffnung einen Erfolg: Im Herbst 2024 zog der Autozulieferer Theissl Systems in den Koralmpark und bestätigte damit, dass die Flächen an der neuen Superbahn auch „superinteressant" sind. Da darf die Kärntner Seite den Steirern keinesfalls nachstehen: Bis 2027 soll in St. Paul ein Wissenschafts- und Innovationsquartier entwickelt werden. Alle neun Lavanttaler Gemeinden sind am 18 Millionen Euro teuren Projekt beteiligt und erhoffen sich 250 bis 400 neue Hightech-Arbeitsplätze.

## Die „Area Süd" und was das bedeutet

Der erwartbare Aufschwung zweier bislang eher randlich gelegener Bezirke, das ist schon was! Für Eric Kirschner, Direktor der Grazer JOANNEUM RESEARCH Forschungsgesellschaft ist damit das Ende der Fahnenstange aber noch lange nicht erreicht. Der Ökonom sieht einerseits, welche enormen „kleinräumigen regionalökonomischen Auswirkungen dieses regionsübergreifende Infrastrukturvorhaben bringen kann", diagnostiziert aber auch, dass durch die Bahn eine neue, „international sichtbare, von der südlichen Obersteiermark bis Villach reichende urbane Agglomeration" entsteht. Diese Metropolregion umfasse sage und schreibe 1,1 Millionen Einwohner und eine halbe Million unselbstständig Beschäftigte, 130.000 davon im produzierenden Sektor. Kirschners Studie *Die Koralmbahn und ihre regionalökonomische Wirkung* erwartet eine neue Gründerzeit, konkret eine Verkleinerung des aktuellen Zentrum-Peripherie-Gegensatzes, einen „dynamisierten Arbeitsmarkt" und die Brechung der Abwanderung. Allerdings sieht der Wissenschaftler bei der Intensität der Vorbereitungsarbeiten der Regionen durchaus Luft nach oben. Von nix kommt nix, oder, wie Eric Kirschner so schön sagt: „Die Rahmenbedingungen müssen sehr wohl im Vorfeld entsprechend gestaltet und Synergien proaktiv genutzt werden, sowohl regional als auch interregional." Im Klartext: Die ÖBB und der Bund haben geliefert, jetzt sind die Länder, die Regionen, die Städte und Gemeinden am Zug. Sie müssen die Bahn in die Region bringen, die Stationen bestmöglich an das Umfeld anbinden, Bus- und sonstigen Zubringerverkehr mitorganisieren, soziale wie technische Infrastruktur neu denken und planen.

Die Wirtschaftskammern beider Länder haben die Studie zum Anlass genommen, ihre Mitglieder auf die neue Zeit einzuschwören. Vorsorglich wurde der Metropolregion, die da entstehen soll, schon einmal ein klingender Name gegeben: Die „Area Süd – Wirtschaftsraum Südösterreich", so meinen die optimistischen Kammerfunktionär:innen, solle zu einer „Superregion" im Herzen Europas werden. In einer Hochglanzbroschüre wird die Zahl von 1,8 Millionen Menschen im weiteren Einzugsgebiet der Koralmbahn genannt; neben der Lage am Baltisch-Adriatischen Korridor und diversen *hard facts* wird darin zu Recht auch auf die „weichen" Standortfaktoren verwiesen: *Die Area Süd*, so betonen die Wirtschaftsvertreter:innen, *zählt zu den landschaftlich attraktivsten Lebensräumen Europas, eingebettet zwischen Adria und Alpen – mit den Großstädten Wien, München und Mailand in Griffweite. Die Area Süd ist eine Region, in der man nicht nur gerne arbeitet, sie ist eine Region, in der man vor allem auch gerne lebt.* – Und dieser Aussage ist beim besten Willen nur schwer zu widersprechen.

## Kann sich die Koralmbahn je rechnen?

Die Frage, ob die 130 Kilometer lange Neubaustrecke zwischen Graz und Klagenfurt jemals Gewinn abwerfen könne, wurde in der Vergangenheit oft gestellt. Man kann sie getrost mit Nein beantworten. Denn: Die Koralmbahn wäre – für sich allein genommen – betriebswirtschaftlich nicht zu rechtfertigen. Aber: Sie ist ab ihrer Eröffnung ein wichtiger, integraler Teil des österreichischen wie europäischen Verkehrsnetzes. Nur in diesem großen Zusammenhang darf sie gesehen werden. Die Frage muss also lauten: Kann die Koralmbahn das heimische wie europäische Schienennetz signifikant ertüchtigen, verbessern? Und damit das System Schiene im Vergleich zur Straße konkurrenzfähiger machen? Und jetzt lautet die Antwort eindeutig: Ja.

Infrastruktur ist weder Profitcenter noch Cashcow und soll beides auch nicht sein. Schieneninfrastruktur kann sich nur aus volkswirtschaftlicher Sicht rechnen. Sie hat den Regionen und Ländern, den Staaten und öffentli-

Aktiv für die Koralmbahn: Peter Plaimer (li. o.), Regionalentwickler mit Visionen, und Peter Stauber (re. o.), ehemaliger Bürgermeister von St. Andrä und Nationalratsabgeordneter
Unten: Neue Tunneleinfahrt bei St. Paul im Lavanttal

chen wie privaten Unternehmen zu dienen. Sie muss ihnen allen dabei helfen, im nationalen wie internationalen Wettbewerb zu bestehen. Hochleistungsbahnen wie die Koralmbahn dürfen niemals Selbstzweck sein, sondern müssen den effizienten Transport von Waren wie von Menschen ermöglichen. Die Wirtschaft braucht dieses leistungsfähige, vielgestaltige Verkehrsnetz für ihre Existenz. Die Straße ist oftmals an ihrer Kapazitätsgrenze, der alleinige Transport per Lkw schon aus ökologischer Perspektive nicht zu rechtfertigen.

Auf welche Art sich die Koralmbahn mit ihren neu adaptierten Zulaufstrecken also rechnen wird, hängt von der Innovationsfreude der Regionen ab. Wichtig, so sagen Ökonom:innen, wäre Kooperation statt Konkurrenz. Die einzelnen Betriebe, die Bezirke und Bundesländer – und letzten Endes sämtliche Anrainerstaaten – müssen auf der internationalen Bühne gemeinsam auftreten, um größtmögliche Vorteile aus der Bahnachse zu ziehen. Ebenso muss auch das Verhältnis von Straßen- zu Schienentransport von krampfhafter Konkurrenz zu einem produktiven Miteinander geführt werden. Die großen Vorzüge der Bahn sind nur gemeinsam mit den unbestreitbaren Vorteilen des Lkws sinnvoll zu verwirklichen.

Das Spiel ist offen: Manche Expert:innen befürchten bereits, dass der Andrang im Personenverkehr so groß sein wird, dass für den Güterverkehr zu wenig Kapazität bleiben könnte. Sicher ist aber in wirtschaftlich labilen Zeiten so gut wie nichts. Güterzüge, auch das muss gesagt werden, können erst auf einer Strecke von rund 600 Kilometern wirtschaftlich sinnvoll geführt werden; Massengüter sowie Container-„Ganzzüge“ sind die bevorzugten Ladungen. Für sie planen die Fahrplanersteller:innen auf der neuen Süd- bzw. Koralmbahn nun auch untertags fixe Güterverkehrs-Fahrpläne ein; eigene Güterzug-Überholbahnhöfe werden gebaut, damit die Railjet-Flitzer nicht eingebremst werden. Leichtere Güterzüge sollen, so der Plan, weiterhin ab Bruck an der Mur über das Murtal und den Neumarkter Sattel nach Kärnten – und retour – fahren, damit es an der Neubaustrecke nicht schon bald zu längeren „Zugstaus“ kommt.

## Vom strengen Rechnungshof geprüft

5,9 Milliarden sind investiert und verbaut. Das ist kein Pappenstiel. Doch: Im Gegensatz zu vielen anderen Großprojekten im In- wie Ausland sind die Kosten bei der Koralmbahn über die langen Baujahre hinweg im Wesentlichen stabil geblieben. Wenn schon nicht die sprichwörtliche schwäbische Sparsamkeit, so war es zumindest steirisch-kärntnerischer Hausverstand, der dabei half, dass finanziell nichts aus dem Ruder lief, ausuferte oder explodierte. Projektleiter Klaus Schneider hat zwar keine „Spar-Bahn“ gebaut, aber, wie er sagt, ein „stringentes Kostenmanagement“ durchgesetzt. „Auch wenn wir Milliarden verbaut haben, habe ich schon bei 1.000-Euro-Posten mitgeredet", sagt er, hat dabei aber mit der Kontrolle auch nicht übertrieben, denn „man darf sich auch wieder nicht um jedes Detail kümmern". Schon von allem Anfang an war ihm klar, dass allein der Faktor Zeit ein „wesentlicher Kostentreiber" sein würde. Bloß durch die Valorisierung verdoppeln sich die Baukosten innerhalb von 20 bis 30 Jahren – eine Tatsache, die von Beginn an einkalkuliert werden musste, um am Ende nicht als Geldverschwender am Pranger zu stehen.

Einer der wichtigsten diesbezüglichen Lehrmeister von Klaus Schneider war sicherlich der 2020 verstorbene frühere HL-AG- sowie ÖBB-Infrastruktur-Vorstand Georg Michael Vavrovsky. Der promovierte Montanist schuf bahnbrechende Methoden zur Erhöhung der finanziellen Prognosegenauigkeit und der Kostenstabilität und verfasste unter anderem das *Handbuch zur Kostenermittlung*, das in Österreich verpflichtend für Projekte der Verkehrsinfrastruktur angewendet wird.

2012 und 2023 prüfte der strenge Rechnungshof das Projekt Koralmbahn. Das Ergebnis in einem Satz: Die im Rahmenplan 2024–2029 mit 6,139 Milliarden Euro angegebenen Baukosten des Gesamtprojekts wurden gegenüber der Prognose von 2012 nur um 5 Prozent, also 282,4 Millionen Euro, überschritten – nach Abzug der neu hinzugekommenen Kosten für den Grazer Flughafenast. Diese Abweichung beurteilt der RH explizit als „relativ gering" – was als großes Lob zu werten ist. *Die ÖBB-Infrastruktur-Aktiengesellschaft (AG) nahm das Projektcontrolling bei diesem Infrastrukturprojekt grundsätzlich aktiv wahr, indem sie die Kostensteigerung relativ gering hielt und auf Änderungen der Rahmenbedingungen reagierte*, so der RH-Prüfbericht im Wortlaut. Da kann sich ÖBB-Infra-Vorständin Engel natürlich nicht beklagen: „Wir empfinden diesen RH-Bericht als ausgesprochen positiv, noch expliziter loben kann ein RH ja gar nicht. Wir sind sehr froh, dass es uns gelungen ist, das Projekt so gut und skandalfrei über die Bühne zu bringen."

Rund ein Jahr nach der letzten Rechnungshofprüfung wurde der Rahmenplan 2025–2030 präsentiert, woraus hervorging, dass die Gesamtkosten auf 5,9 Milliarden gesenkt werden konnten – und mit einer Abweichung von nur einem Prozent eine Punktlandung erreicht wurde.

ÖBB

Testzug auf der neuen Strecke: Neben der technischen wurde auch die finanzielle Gesamt-„Performance" gecheckt – und für gut befunden.

# Das liebe Geld

# 19.000.000.000

**19 Mrd. Euro Gesamtausgaben „Neue Südstrecke" (bis 2028)**

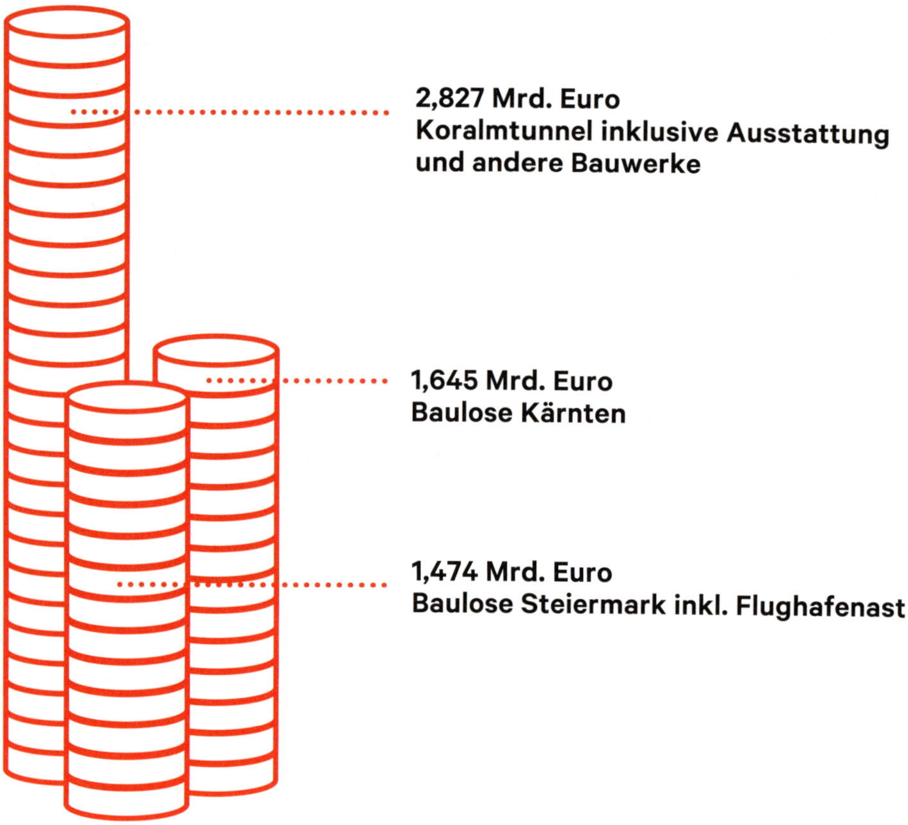


# 5,946

**Mrd. Euro Gesamtprojekt Koralmbahn Graz–Klagenfurt**

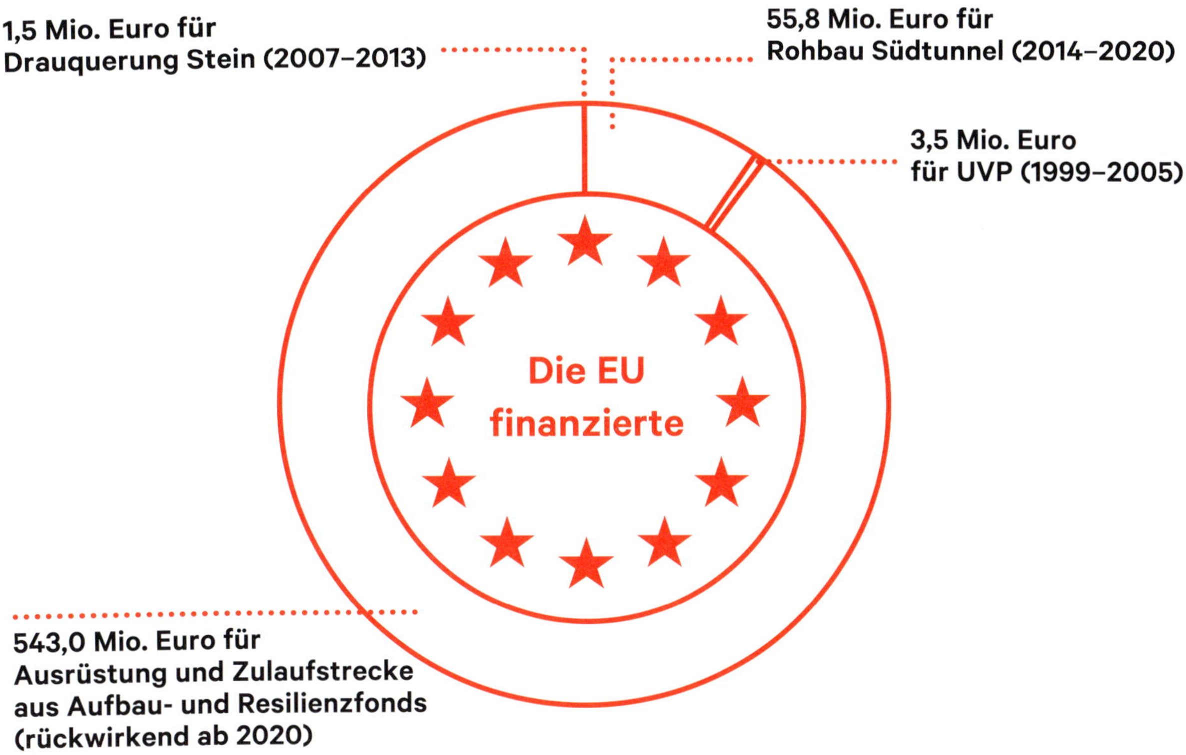


## Die Koralmbahn bringt … 167 Mio. Euro regionalwirtschaftlichen Nutzen jährlich (Schätzung TU Wien) sowie regional- bzw. volkswirtschaftliche Effekte:

- 1,1 Mio. Menschen im neuen „Wirtschaftsraum Süd“
- 35 % gesteigerte Pendelverflechtung
- erleichterte Mobilität
- mehr nationaler wie internationaler Handel
- erhöhte Produktivität und höhere Einkommen
- verbesserte Konkurrenzfähigkeit
- höhere Lebensqualität.

Cargo Center Graz: wichtige neue Drehscheibe des europäischen Güterverkehrs

# VOLL VERNETZT: VON DER OSTSEE ZUR ADRIA

## Europa, wir kommen

Alles hängt mit allem zusammen. Würde die Koralmbahn nur als „Inselbahn“ zwischen, sagen wir, Graz und Klagenfurt hin und her fahren, wäre das eine gewaltige, durch nichts zu rechtfertigende Fehlinvestition. Sie ist aber weit mehr als nur eine Expressverbindung zwischen zwei Landeshauptstädten. Sie ist vielmehr in ein gut geknüpftes System eingebunden – als integraler Teil des österreichischen wie europäischen Hochleistungs-Schienennetzes.

Schauen wir uns zum Einstieg zwei rund 1.500 Kilometer voneinander entfernt liegende, sehr bekannte Städte an: die eine an der polnischen Ostseeküste, die andere an der oberen Adria. Die im fernen Norden heißt Danzig oder Gdańsk, die andere Venedig oder eben Venezia. Beide haben wichtige Häfen, beide sind von großem touristischem Interesse, beide stehen auch symbolhaft für den Kontinent und seine ebenso dramatische wie großartige Geschichte. Nicht viele Menschen ziehen in Betracht, für die rund 1.500 Kilometer lange Strecke zwischen den beiden Städten in den Zug zu steigen – obwohl das weder unmöglich noch undenkbar ist: Von Danzig nach Wien kommt man im Optimalfall in 10 Stunden und 15 Minuten. Und von Wien nach Venedig fährt man ab 2026 – dank Koralmbahn – nur mehr rund sechseinhalb Stunden. Das ergibt in Summe eine Fahrzeit von weniger als 17 Stunden – damit ist die Schiene, was die Reisezeit betrifft, gegenüber dem Auto durchaus konkurrenzfähig. Und ab 2030, mit der Eröffnung des Semmering-Basistunnels, wird die Bahn ja nochmals deutlich flotter.

Ein Mann für alle Verkehrs-Fälle: ASFINAG-Chef Herbert Kasser war über Jahrzehnte Bahnentwickler.

Das Flugzeug ist natürlich um ein Vielfaches schneller als die Fortbewegung auf Straße und Schiene, wobei man die Vor- und Nachlaufzeiten eines Fluges niemals außer Acht lassen darf. Aber nicht immer zählt die Schnelligkeit allein. Es gibt ja auch die ökologische Dimension, da ist die Bahn sowieso unschlagbar. Und es geht vielen auch um ein anderes Reiseerlebnis. Bahnreisen sind in der Regel um ein Vielfaches stressfreier, entspannter, angenehmer und aussichtsreicher als Autofahrten. Eine Nacht und ein Tag im Zug, auch das lässt sich gut machen, wenn die Züge denn entsprechend bequem ausgestattet sind – und die Fahrpläne passen. Manch eine oder einer erinnert sich daran, dass man noch in den 70er-Jahren des 20. Jahrhunderts ganz selbstverständlich (und ohne Umsteigen!) mit dem Oostende-Express von Wien bis zur Ärmelkanal-Fähre hinüber nach Dover und von dort weiter nach London reiste. In 24 Stunden war man am Ziel seiner Träume. Und heute? Muss man in Paris den Bahnhof wechseln, dafür geht's dann mit dem Eurostar unter dem Ärmelkanal direkt nach London. Tatsächlich gibt es auch für unsere Beispielreise keine Direktverbindung, also keinen durchgängigen Zug von Danzig nach Venedig. Man muss zumindest in Warschau und Wien umsteigen.

Aber was nicht ist, kann ja noch werden. Die ÖBB erweiterten in den vergangenen Jahren sukzessive ihre Nightjet-Linien, aus Skandinavien fahren bereits Züge direkt nach Österreich, es gibt, kaum jemand weiß das, einen Autoreisezug von Villach bis nach Edirne in der Türkei – warum also nicht auch in ein paar Jahren von der Ostsee, vom Baltikum hinunter zur Adria? Helmut Adelsberger, in früheren Jahren im Verkehrsministerium für Infrastrukturplanung zuständig, hält dies für eine realistische Möglichkeit. Zumindest die Passage zwischen den Metropolen Warschau, Wien, Venedig und hinüber nach Mailand hätte das Zeug zu einem echten „Renner“, meint auch Herbert Kasser. Seit 2024 ASFINAG-Vorstand, war er lange Jahre Mobilitäts-Sektionschef im Infrastrukturministerium und ist mit Sicherheit einer der besten Kenner des heimischen Verkehrswesens. Noch als Beamter im Finanzministerium stellte er 2005 die Finanzierung von Bahninfrastruktur auf völlig neue Beine, und zwar mit der Entwicklung der jeweils für sechs Jahre budgetierten „Rahmenpläne“. Wurde bis dahin nur mit unsicheren „Übertragungsverordnungen“ des Ministers operiert, konnte ab nun die Finanzierung von Bahnprojekten gesichert und damit ein neues Bahn-Zeitalter eingeläutet werden.

Nicht nur in Österreich, auch europaweit wird spätestens seit der Jahrtausendwende massiv ausgebaut, werden Bahnhöfe modernisiert und neue Hochgeschwindigkeitszüge auf Schiene gesetzt. Der Nachholbedarf ist enorm, deshalb ist es ist mittlerweile ein zentrales Anliegen der Europäischen Union, das mehr als 200.000 Kilometer lange und viele Jahre vernachlässigte Schienennetz des Kontinents flächendeckend auf ein zeitgemäßes Niveau zu heben – und die nationalen Netze besser miteinander zu verbinden.

## Das transeuropäische Schienennetz und einige offene Fragen

Wir bewegen uns also in Europa, diesem so vielseitigen, vielsprachigen, vielgliedrigen Kontinent, einem Erdteil, der, wie alle anderen auch, vor gewaltigen Herausforderungen steht. Es gibt viel zu tun zwischen Lissabon und Bukarest, zwischen Helsinki und Athen, zwischen Danzig und Venedig, um Lebensqualität, Umweltstandards, Wohlstand und, *last but not least*, Frieden zu sichern. Da in schwierigen Zeiten Zusammenhalt wichtiger ist als vieles andere, will die EU ihre Mitgliedsstaaten noch enger als bisher zusammenführen. Optimierte Verkehrsströme sind dafür essenziell. Das betrifft neben dem europäischen Schienennetz auch Autobahnen und Straßen, den Flugverkehr sowie Wasserstraßen. Oberstes Ziel der EU-Kommission ist es, all diese Verkehrsträger optimal miteinander zu verbinden. Sie untermauert dieses Ansinnen durch das Konzept des *Trans European Network – Traffic* (TEN-T oder zu Deutsch auch TEN-V, mit V für Verkehr). Das österreichische TEN-T-Netz besteht aus 3.928 Kilometer Schienen, 1.827 Kilometer Straßen und 343 Kilometer Wasserstraßen, weiters aus sechs Flughäfen, vier Binnenhäfen, acht multimodalen Güterterminals und neun städtischen Knotenpunkten, den Landeshauptstädten.

Meint man es in Europa mit der Dekarbonisierung des Verkehrssektors, und damit auch mit der Reduzierung der Erderwärmung, ernst, muss die Bahn unter den Verkehrsträgern absolute Priorität genießen. Laut *Green Deal* der EU sollen die „verkehrsbedingten Treibhausgasemissionen" nämlich bis 2050 um 90 Prozent verringert werden, was ein wahrhaft revolutionäres Vorhaben ist. Dieses Ziel kann nur erreicht werden, wenn dem Schienennetz eine zentrale Rolle zugemessen wird – was in den Wirtschaftswunderjahren leider nicht der Fall war. Über viele Jahrzehnte und quer über den Kontinent floss das meiste Geld in den Straßenbau. Nun aber hat die EU-Kommission erkannt, dass an der Schiene kein Weg vorbeiführt, und wünscht sich deshalb eine vollständige Sanierung der Schienennetze bis 2050. Schon bis 2030 soll das prioritäre EU-„Kernnetz" fertiggestellt sein, bis 2040 das sogenannte „erweiterte Kernnetz" ertüchtigt werden. In der letzten Etappe bis zur Mitte des Jahrhunderts kommen dann auch noch alle anderen, also auch die „Nebengleise", dran. So steht's zumindest im Protokoll.

Freilich müssen nicht nur neue Gleise gelegt und möglichst lange Tunnel gegraben werden. Es geht nicht zuletzt auch um die Schaffung einheitlicher Technik- und Sicherheitsstandards, konkret um das *European Rail Traffic Management System* (ERTMS). Die Koralmbahn ist bereits damit ausgestattet, aber es gibt noch unzählige Bahnkilometer, die nachgerüstet werden müssen.

Ziel des TEN-T-Programms ist es auch, die Steh- und Wartezeiten der Züge an den Grenzen auf ein Mindestmaß zu verringern – die sind nämlich besonders ärgerlich. Lange nach der letzten EU-Erweiterung beharren etliche nationale Bahnverwaltungen noch immer auf ihren eigenen Standards. So müssen Lokführer:innen an den Grenzen oft wechseln, da es im Gegensatz zum Luftverkehr noch immer keine einheitliche Eisenbahnsprache gibt. Auch viele Lokomotiven sind aufgrund unterschiedlicher technischer Standards nicht „kompatibel" oder einfach zu alt, um wirtschaftlich umgerüstet zu werden. Die Wunschliste der EU ist lang, auch besser funktionierende Güterterminals und die „Anbindung großer Flughäfen an das Schienennetz (wenn möglich mit Hochgeschwindigkeitszügen)" stehen auf der Wunschliste.

Die gute Nachricht lautet: Nach Jahrzehnten des Autobahnbaus befindet sich Europa mitten in einem verkehrspolitischen Paradigmenwechsel. Die Bahnen sind zu Hoffnungsträgerinnen für eine neue, umweltschonende Mobilität geworden. Nicht nur in Österreich fließt mittlerweile mehr (Steuer-)Geld in neue Schienen als in Straßen. Dennoch, und das ist die schlechte Nachricht, sind die Kassen in den meisten EU-Staaten mittlerweile knapp, auch im Infrastrukturbereich wird gespart. Fazit: Es geht voran, aber langsam, für viele zu langsam. Die EU schüttet auch nicht, wie manche denken, permanent ihr übervolles Füllhorn aus. Sie gewährt Zuschüsse, unterstützt und finanziert mit, die Löwenanteile der Investitionen aber müssen nach wie vor die Länder selbst schultern. Da die EU keine Vorfinanzierungen tätigt, sondern die Gelder erst nach Realisierung der

Projekte freigibt, kann sie kaum steuernd eingreifen. Damit ist das Resultat im Hinblick auf das große Ganze, auf den europäischen Schienenzusammenhang, oft nicht befriedigend. So enden Hochgeschwindigkeitstrassen noch zu oft an Staatsgrenzen. „Europa braucht weitere massive Investitionen", glaubt etwa Josef Doppelbauer, bis 2024 Direktor der EU-Eisenbahnagentur, sonst bleibe das EU-weite Bahnnetz ein „ineffizientes Flickwerk mit milliardenschweren Prestigeprojekten".

Weil wir schon bei den Problemen sind: Während der Personenverkehr auf der Schiene in vielen Ländern mächtig zulegt, stagniert der Bahngüterverkehr; die dringend nötige Verlagerung von Transportvolumina auf die Schiene kommt nicht wirklich voran. Der *Modal Split*, das Verhältnis von Straße zu Schiene, verschlechtert sich hier laufend zu Ungunsten der Bahn. Als Gründe nennt die Finanzvorständin der ÖBB-Holding Manuela Waldner neben fordernden wirtschaftlichen Rahmenbedingungen die Konkurrenz des Lkws, der von „günstigeren Produktionsbedingungen profitiert".

Massengüter wie Kohle, seit jeher auf der Schiene unterwegs, werden weniger bis gar nicht mehr nachgefragt. *Just-in-time*-Stückguttransporte dagegen werden immer mehr – ein Segment, das den flexibleren Lkw bevorzugt. Um diese Tendenz umzudrehen, sind alle gefordert: die EU-Politik, die Nationalstaaten wie auch die Bahngesellschaften selbst, denn ohne die Zusammenarbeit aller Kräfte wird es die Mobilitätswende nicht geben.

Doch es gibt auch Lichtblicke: Die Realisierung des Jahrhundertprojekts Koralmbahn ist ein wichtiger Meilenstein in Richtung eines einheitlichen europäischen Eisenbahnraumes. Und ja, es gibt auch im Güterbereich Erfolgsmeldungen. Das Cargo Center Graz, unmittelbar zwischen Süd- und Koralmbahn gelegen, ist ein Leuchtturmprojekt und ein Vorbild dafür, wie Güterverkehr, der gute alte „Lastzug", heute gedacht und organisiert werden muss (siehe dazu auch „Die Frachtfrage", S. 144).

# Baltisch-Adriatischer TEN-Korridor

## Das Kernnetz und seine Korridore

Die Modernisierung von Schieneninfrastruktur kostet viel Geld, denn neben, unter und über den Gleisen muss ja auch noch eine Menge Hightech untergebracht werden, um den dichten Zugverkehr schnell und sicher führen zu können. Deshalb, und um sich nicht rettungslos im schier uferlosen Netz zu verlieren, konzentriert sich Brüssel nun auf die Entwicklung von neun TEN-T-Kernnetz-Korridoren, auch *European Transport Corridors* genannt. Österreich, ein Alpen-Binnenstaat im Herzen des Kontinents, wird von fünf dieser wichtigen Korridore durchkreuzt:

→ Skandinavien-Mittelmeer-Korridor, der auf österreichischem Gebiet grob der Unterinntal- und Brennerachse entspricht
→ Rhein-Donau-Korridor, der im Wesentlichen die heimische „Westachse" umfasst
→ Orient-Östliches-Mittelmeer-Korridor, der grob über Nord- und Ostbahn, Donauachse und Ostsee-Adria-Achse verläuft
→ Alpen-Westbalkan-Schienengüterverkehrskorridor, der in Österreich der Tauern- und Pyhrnachse entspricht
→ Baltisch-Adriatischer Korridor, auch Ostsee-Adria-Korridor genannt. Dieser ist auf österreichischem Gebiet mit Nord- und neuer Südbahn und im südlichen Bereich mit der Koralmbahn ident. Womit wir wieder bei der Hauptdarstellerin des Buches sind.

## Der Baltisch-Adriatische Korridor und eine Menge Geld

Der Baltisch-Adriatische Korridor ist eine der wichtigsten Nord-Süd-Transversalen Europas. Er folgt (wenigstens annähernd) der Route der antiken Bernsteinstraße. Und so wie alle anderen Korridore besteht er nicht nur aus einem einzelnen Schienenstrang, sondern aus einem ganzen Bündel davon. Im Norden, an der Ostsee, sind die Städte Gdynia, Gdańsk/Danzig und etwas weiter im Westen das an der deutschen Grenze gelegene Szczecin/Stettin die „Endstellen"; im Süden reicht der Korridor nach Venedig, Ravenna und Rimini; sogar das fast schon am italienischen Stiefelabsatz gelegene Bari wurde integriert. Von dieser Achse werden viele wichtige Städte im Binnenland „mitgenommen", so etwa Polens Hauptstadt Warschau, daneben Wroclaw und Katowice in Polen, Ostrava, Brno und Břeclav in Tschechien, Žilina und Bratislava in der Slowakei.

In Österreich sind Wien, Graz, Klagenfurt und Villach die wichtigsten Orte entlang des Baltisch-Adriatischen Korridors. Von Graz führt ein zweiter Ast über Maribor und Ljubljana zum slowenischen Adriahafen Koper und ins italienische Triest. 2024 wurde auch der über Zagreb erreichbare wichtigste

# Die TEN-Korridore im Überblick

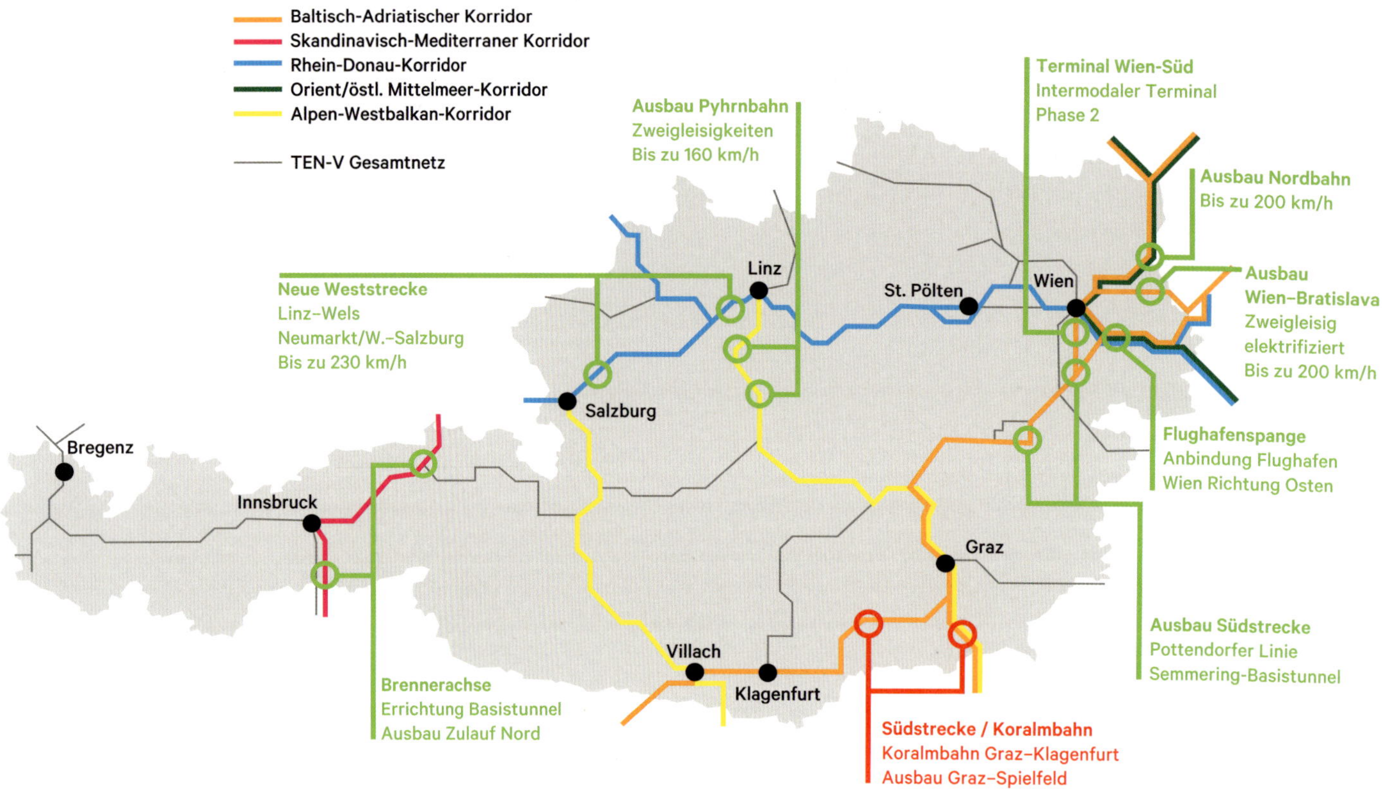


Hafen an der kroatischen Küste in Split angebunden. Wer jemals mit der Bahn von Wien nach Split gefahren ist, ahnt allerdings, dass hier noch einiges an Modernisierungsarbeit geleistet werden muss, um die zum Teil noch nicht einmal elektrifizierte Strecke für internationale Personen- wie Güterzüge zeitgemäß zu ertüchtigen.

Gebaut wird nicht nur in Österreich, sondern auch in allen anderen beteiligten Staaten. So ist Slowenien fleißig dabei, die Strecken von Ljubljana über Divača nach Koper und Triest selektiv zweigleisig auszubauen – speziell die Steilstufen über den Karst hinunter ans Meer erfordern dabei hohen planerischen (und ökonomischen) Einsatz.

Eine wichtige Frage drängt sich unweigerlich auf: Welche Vorteile kann das Transitland Österreich aus dem neuen, verbesserten Nord-Süd-Korridor ziehen? Transit klingt zunächst nach permanenter Ruhestörung für Anrainer:innen. Zusätzlich sind die Güterzüge, die Österreich nur durchqueren, kein gutes Geschäft für die ÖBB: Die „Schienenmaut", die für Transitzüge verlangt werden darf, deckt kaum die Kosten. Profit ziehen die am Korridor liegenden Regionen aus der neuen Strecke nur, wenn hier auch um- und ausgeladen wird, wenn Unternehmen den Anschluss an die schnelle Schiene finden und nutzen. Die Chancen dafür sind gegeben und werden mit jedem Tag, da die Strecke in Betrieb ist, größer. Ein Überblick zu Chancen und Potenzialen in der Steiermark wie in Kärnten findet sich in Kapitel 5, „Mittendrin" ab Seite 107.

Wie aber schafft man überhaupt einen derartigen europäischen Bahnkorridor? Nun, in der EU-Kommission werden seit vielen Jahren die theoretischen Grundlagen des Transeuropäischen Netzwerks entwickelt. Um die verantwortlichen Ministerien der beteiligten Staaten zumindest ideell zu unterstützen, bestellt die EU-Kommission für jeden der insgesamt neun Korridore einen eigenen Koordinator bzw. eine Koordinatorin. Für die Baltisch-Adriatische Achse ist seit 2018 die dänische Volkswirtin, Ex-Journalistin und Ex-EU-Politikerin Anne Elisabet Jensen zuständig. Zusätzlich wurde zu jedem Korridor auch ein spezifisches Korridor-Forum installiert, in dem Vertreter:innen der Länder und Regionen, der Infrastruktur- und der Bahnbetriebe halbjährlich in Brüssel zusammentreffen, um sich wechselseitig über Projektfortschritte und/oder -hindernisse zu informieren, um für ihre Interessen zu lobbyieren, und nicht zuletzt, um an die Brüsseler Fördertöpfe zu kommen.

So ein Topf ist etwa die *Connecting Europe Facility* (*CEF*). Für Österreich fielen bis 2023 daraus insgesamt rund 1,227 Milliarden Euro ab, wobei der größte Brocken in den Brenner-Basistunnel floss, der bis 2032 fertiggestellt sein soll und ohne CEF-Gelder wohl niemals realisiert worden wäre. Die Koralmbahn bekam lediglich rund 60 Millionen CEF-Euro zugeteilt, da die Strecke in Brüssel lange Jahre als rein nationales Projekt gesehen und überhaupt erst 2013 in das TEN-Kernnetz aufgenommen wurde. Üppiges Geld floss jedoch aus anderer Quelle, nämlich aus der nach Corona aufgelegten, in Summe 732 Milliarden (!) Euro schweren *Recovery and Resilience Facility*, also Aufbau- und Resilienzfazilität. Von den von 1,3 Milliarden Euro für Ausrüstung und „Zulaufstrecken" zur Koralmbahn (Kosten ab 2020 bis Projektende) erhielt Österreich 40 Prozent von der EU ersetzt – 542 Millionen Euro.

## Die „Neue Südstrecke", ein Teil des Baltisch-Adriatischen Korridors

Wir machen weiter mit „allgemeiner Netzkunde": Der Österreich-Teil des Baltisch-Adriatischen Korridors reicht de facto vom Grenzübergang Břeclav bzw. Hohenau im niederösterreichischen Weinviertel bis nach Tarvis an der italienischen Grenze. Mehr als 100 Projekte entlang dieser so wichtigen Nord-Süd-Li-

Ulrich Flamm (li.) und Thomas Spiegel (re.) sind die Bahnnetz-Planer auf höchster Ministeriums-Ebene.

nie sind bereits realisiert oder in Planung. 200 Kilometer Streckenaus- und 170 Kilometer Neubau sind Teil des Programms. Neben dem Koralmtunnel ist der Semmering-Basistunnel, der 2030 in Betrieb geht, ein zweites Schlüsselbauwerk. Dazu kommen der weitere Ausbau der Nordbahn, der Strecke Wien–Bratislava sowie der Pottendorfer Linie. Auch der Wiener Hauptbahnhof – gebaut als Ersatz für zwei alte Kopfbahnhöfe – und der Hauptbahnhof Graz sind zentrale Elemente der Neuen Südstrecke. Etliche Bahnhöfe werden noch modernisiert, und am Portal des Semmering-Basistunnels nahe Mürzzuschlag wird auch eine neue „Raststation" für bis zu 750 Meter lange Güterzüge gebaut. An diesem sogenannten Überhol- und Dispositionsbahnhof können schnelle Personenzüge die schwereren, langsameren Güterzüge überholen; auch Lokführer:innen werden hier wechseln. Wenn der Semmering-Basistunnel eröffnet wird, ist die Südstrecke – und mit ihr der Baltisch-Adriatische Korridor – eine „Flachbahn", auf der selbst die längsten Güterzüge nur mehr eine einzige Lokomotive benötigen, was eine enorme Ersparnis an Energie und Kosten bringt. „2030", so sagt Thomas Spiegel, im Infrastrukturministerium für die strategische Planung des Schienennetzes verantwortlich, „haben wir nicht durchgängig Hochgeschwindigkeit, aber insgesamt bereits einen guten Standard. Das muss man schon schätzen."

Fertig, so ehrlich muss man sein, ist das Megaprojekt „Neue Südstrecke" aber auch nach 2030 noch lange nicht. Speziell der Abschnitt zwischen Bruck an der Mur und Graz bleibt bis auf Weiteres ein Nadelöhr. Wie es hier in den nächsten Jahren und Jahrzehnten weitergeht, ist aber schon hinreichend genau geplant, nämlich in einem Papier namens „Zielnetz 2040".

## Wie weiter? Rahmenplan und Zielnetz 2040

Die Eröffnung der Koralmbahn ist mehr als ein Meilenstein in der heimischen Bahngeschichte, der *Impact* auf den gesamten heimischen Zugsverkehr deutlich größer, als viele denken. „In Wahrheit", so sagt Netzplaner Ulrich Flamm vom Infrastrukturministerium, „ändert sich durch den Neubau praktisch alles – Fahrpläne, Fahrzeiten und Taktgefüge, und das quer über das halbe Bundesgebiet."

Und dennoch: Ein „Ende der Geschichte" ist damit noch lange nicht absehbar. In dem im Bundesbudget 2025 beschlossenen ÖBB-Rahmenplan 2025 bis 2030 ist festgeschrieben, dass jährlich mehr als 3,2 Milliarden Euro in die Schieneninfrastruktur investiert werden. Die damit umfassten Projekte sind bereits weitgehend in Bau. „Investitionen in Ausbau und Erhalt der Bahninfrastruktur sind ein wichtiger Beitrag zu einer leistungsfähigen Volkswirtschaft und tragen zu Krisen- und Klimaresilienz bei", kommentiert ÖBB-CEO Andreas Matthä das stolze Sümmchen.

Internationale Hauptbahnhöfe: Wien (o.), Triest (Mitte li.), Warschau (Mitte re.) und Venedig (u.)

Darüber hinaus muss bereits weit in die Zukunft gedacht werden. Bahnprojekte haben, wie gerade am Beispiel der Koralmbahn zu sehen, eine wirklich lange Vorlaufzeit. Für das „Zielnetz 2040“ wurde deshalb eine lange Liste geplanter Um-, Aus- und Neubauten definiert. „Der Prozess wird vom Ministerium federführend abgewickelt, aber natürlich sind die technischen Erarbeitungen zu einem großen Teil bei uns im Haus gemacht worden“, erläutert Infra-Vorständin Judith Engel die Genese des umfassenden Bahnausbaukonzepts.

Ulrich Flamm und Thomas Spiegel vom Infrastrukturministerium betonen darin, dass vor allem die *Ausweitung der nationalen Verkehrspolitik auf gesamteuropäische Aspekte* unumgänglich sei und *vermehrt Augenmerk auch auf grenzüberschreitende Verbindungen* gelegt werden muss. Das Papier beschreibt also die Zukunft des österreichischen Bahnwesens, ist aber ein Maximalprogramm, wie auch Judith Engel weiß: „Nicht alles, was da drinsteht, kann realistischerweise bis 2040 umgesetzt werden. Bisweilen bleiben Finanzierung, Ausarbeitung, Genehmigung und technische Fragen offen.“

In Zusammenhang mit dem Korridor Neue-Südstrecke-Koralmbahn ist auch geplant, die Strecke nördlich von Graz bis Frohnleiten viergleisig auszubauen, die Nordeinfahrt ebenso wie den Hauptbahnhof Graz selbst nochmals zu verbessern sowie weitere Ausbauten bis nach Bruck an der Mur vorzunehmen. Der Baubeginn für diesen aktuell hoch belasteten Abschnitt ist noch gar nicht abzusehen, aber als erster Schritt konnten über den Rahmenplan bereits die finanziellen Mittel für konkrete Planungen sichergestellt werden, erläutert Flamm.

Das „Zielnetz 2040“ fordert auch den partiell mehrgleisigen Ausbau der Zulaufstrecken zum Semmering-Basistunnel ab Wiener Neustadt, den zweigleisigen Ausbau der alten Südbahnstrecke südlich von Graz bis zur Staatsgrenze sowie diverse Verbesserungen in Kärnten. Östlich von Klagenfurt und in Feldkirchen, am Ostufer des Ossiacher Sees, sind Überhol- und Dispositionsbahnhöfe geplant, ebenso wie die Adaption von Bahnhöfen an der Wörtherseetrasse zwischen Klagenfurt und Villach. Aus Kosten-Nutzen-Gründen ist dagegen nicht vorgesehen, diese heikle Trasse weitgehend unter die Erde zu verlegen.

Gemeinsam mit Bürger:inneninitiativen hatte die Kärntner Politik diesen Streckenneubau über viele Jahre vom Bund bzw. den ÖBB verlangt.

## Die Frachtfrage – das Cargo Center Graz

Damit die Koralmbahn viele Güter transportieren kann, braucht es zeitgemäße Güterterminals, früher Frachtenbahnhöfe genannt. Ein solcher, schon von Weitem aufgrund der riesigen Hallen und Containertürme zu erkennen, ist das Cargo Center Graz (CCG). Die 125 Hektar große Fläche rund 15 Kilometer südlich der Landeshauptstadt ist ab sofort einer der bedeutendsten Knotenpunkte im europäischen Güterverkehr. Der Standort könnte nicht günstiger sein: Er liegt nahe am Flughafen Graz, direkt an der Autobahn A9 und vor allem genau zwischen der Südbahnstrecke Richtung Spielfeld und der neuen Koralmbahn – und damit am Kreuzungspunkt von Alpen-Westbalkan-Korridor und Baltisch-Adriatischem Korridor. In den über 40 hier angesiedelten Unternehmen arbeiten rund 1.500 Menschen. Weiteres Wachstum ist vorprogrammiert. Auch viele große Speditionen sind vor Ort; fünf gigantische, bis zu 18 Meter hohe Portalkräne, die über insgesamt acht „kranbare" Gleise gespannt sind, bestimmen die Szenerie. Sie sind den ganzen Tag damit beschäftigt, Container von den Güterzügen zu heben und auf Lkws zu laden. In Summe kommen 770.000 „Umschläge" pro Jahr zusammen.

Vom CCG, das von 2003 bis 2025 von einem vergleichsweise kleinen *Hub* zu einem gewaltigen Container- und Lagerhallenkonglomerat angewachsen ist, gehen täglich „Ganzzüge" zum Hafen von Koper ab; bedient werden auch die Häfen Rijeka und Triest. Pro Tag können in den zwei „Übergabebahnhöfen" bis zu zwölf dieser Züge und 600 Lkws abgefertigt werden. 2024 wurden weitere 70 Millionen Euro in eine großzügige Erweiterung investiert, allein das Schienennetz des Areals ist mittlerweile auf 27 Kilometer angewachsen. Investiert wurde aus gutem Grund, schließlich erwarten die Manager:innen durch die Eröffnung der Koralmbahn deutliche Umsatzzuwächse. Cargo-Center-Geschäftsführer Robert Brugger weiß, dass „immer mehr Güter auf die Schiene müssen – und dafür braucht es leistungsfähige Infrastruktur so wie hier bei uns".

Ferngesteuerte Zugbeladung (o.). Brückenkran als Link zwischen Lkw und Bahn (u.) im Cargo Center Graz in Werndorf

INTERVIEW

# „Die Koralmbahn verbindet Menschen und Märkte“

**Andreas Matthä ist seit 2016 CEO der ÖBB-Holding. Er trat 1982 als 20-jähriger Brückenbautechniker ins Unternehmen ein. Seit vielen Jahren kämpft er für eine Aufwertung des Systems Schiene, wehrt sich gegen unfaire Wettbewerbsbedingungen und positioniert die Bahn als Player in Sachen Verkehrswende. Das Image des staatlichen 47.000-Mitarbeiter:innen-Unternehmens hat sich unter ihm extrem verbessert; er konnte die ÖBB nicht zuletzt auch im europäischen Vergleich als Vorbild für andere nationale Bahnen in Stellung bringen.**

**Für das Gespräch in seinem Büro hoch über den Dächern des Wiener Hauptbahnhofs nimmt er sich viel Zeit; die Bitten des Fotografen befolgt er mit bewundernswerter Geduld. Er strahlt Ruhe und Gelassenheit aus, spricht aber auch immer wieder offen politische Themen an. Zum Einstieg geht's aber vorerst einmal um den Gefühlshaushalt des österreichischen Bahn-Vorstands.**

*Herr Matthä, ist die Koralmbahn eines von 100 Projekten, das Sie nun abhaken können, oder gestattet man sich als Vorstandsvorsitzender in diesem Fall auch Emotionen?*

Man ist in der Tageshektik manchmal verführt, Projekte abzuarbeiten, abzuhaken. Aber diese Bahn wärmt Herz und Seele. Sie macht mich stolz. Denn die Koralmbahn ist nicht nur irgendein, sondern in der Tat ein Jahrhundertprojekt. Seit über 100 Jahren ist auf der Südstrecke erstmals eine neue Eisenbahnlinie entstanden. Sie stellt eine völlig neue Verkehrsrelation zwischen Graz und Klagenfurt her und liegt dazu auch auf einer transeuropäischen Achse, auf der heute schon internationale Züge unterwegs sind und bald noch viel mehr unterwegs sein werden. Wir sehen, dass Österreich, dass Europa zusammenwächst. Das tut gut.

*Sie sind seit 1982 bei den ÖBB beschäftigt. Seit wann kennen Sie das Projekt? Haben Sie, Hand aufs Herz, immer an dessen Realisierung geglaubt?*

Es ist mir Mitte der 90er-Jahre bekannt geworden, als der allererste Streckenteil von Klagenfurt Richtung Wolfsberg zu bauen begonnen wurde. Danach war die Strecke unverdienterweise sehr lange in Diskussion. Um zu argumentieren, habe ich immer die Zahlen sprechen lassen: Wenn man Straße und Schiene zusammennimmt, ist diese Südstrecke unter allen alpenquerenden Nord-Süd-Verbindungen nach dem Brenner die zweitstärkste Güterachse. Die Koralmbahn war immer strategisch wichtig für Europa. Ich erinnere mich noch gut an die Ausschreibungsphase für den Koralmtunnel, als ich in führender Funktion in der ÖBB-Infra mit zittriger Hand mehrere 100 Millionen Euro schwere Bauaufträge unterschrieben habe ...

*Warum zitterte die Hand?*
In mehrfacher Hinsicht! (lacht) Die Unterschrift war der unmittelbare Auslöser eines wirklich riesigen Bauprojekts. Es war einfach ein historischer Moment, ein bewegender Augenblick. Ich erinnere mich auch noch gut an die Spatenstich-Feier für das Baulos KAT 1, wo ich als Vorstand mit Landeshauptmann Franz Voves und Verkehrsministerin Doris Bures den Startschuss für den Koralmtunnel geben durfte. Das ist schon etwas, woran man sich ein Leben lang erinnert.

*Sie sagen, die Regionen an der Koralmbahn werden mit der Eröffnung der Strecke eine „Zeitenwende" erleben. Warum?*
Die Lebensrealität der Menschen verändert sich. Deutschlandsberg war nie auf der Sonnenseite des Lebens, vor allem, als es mit dem Bergbau zu Ende ging. Nun erhält diese Region ebenso wie das Kärntner Lavanttal ein neues, höchst leistungsfähiges Verkehrsmittel. Die Erreichbarkeit wird dramatisch verbessert. Das stärkt die lokale Wirtschaft und den Arbeitsmarkt. Man muss nicht Volkswirtschaft studiert haben, um zu verstehen, was hier geschieht. Betriebsansiedlungen, neue Handelsbeziehungen, Bevölkerungszuzug, alles wird es geben. Kärnten kann sich verstärkt nach Süden orientieren, neue Beziehungen mit seinen Nachbarn aufbauen. Kärnten wird durch die neue Bahn nochmals um vieles lebenswerter. Die Chancen sind hier mindestens ebenso groß wie in der Steiermark. Zwischen Graz und Klagenfurt entwickelt sich ein Wirtschaftsraum mit insgesamt 1,1 Millionen Menschen! Und wenn der Zwilling des Koralmtunnels, der Semmering-Basistunnel, 2030 eröffnet wird, haben wir endgültig die neue Südbahn mit höchster Attraktivität realisiert.

*Die ÖBB haben in den letzten Jahren einen enormen Imagewandel vollzogen. War das Ihre Leistung, Ihr Verdienst?*
Man gibt Anstöße, treibt an, gibt Richtungen vor. Es ist eine große Mannschaft, die sich in die richtige Richtung bewegt. Der Dreiklang Zielnetz, integrierter Taktfahrplan und Rahmenplan (*die rollierende sechsjährige Finanzierung, Anm.*) hat uns von den tagespolitischen Diskussionen befreit und stabile Planungsgrundlagen gebracht. Dadurch konnte auch die österreichische Bahnindustrie investieren und ist jetzt im Export weltweit Nummer vier, mit vielen Weltmarktführern. Darauf bin ich wirklich stolz. In Europa gibt es nur zwei Finanzierungsmodelle, die gut funktionieren: das Schweizer Fonds-Modell und das österreichische Rahmenplan-Modell.

*Die ÖBB haben im Jahr 2024 trotz großer Widrigkeiten erstmals mehr als eine halbe Milliarde Fahrgäste befördert. Wann wird's die ganze Milliarde sein?*
Bis dahin wird's noch ein bissl dauern! (lacht) Innerhalb der EU fahren die Österreicherinnen und Österreicher schon jetzt am meisten mit dem Zug. Wir erwarten übrigens nicht nur in den Zügen Wachstum, sondern auch in den ÖBB-Bussen und im Mikro-ÖV, dem Zubringersystem zur Bahn.

*Mikro-ÖV ist ein ungelöstes Thema. Wie soll denn der „letzte Kilometer" vom Wohnhaus zum Bahnhof in Zukunft zurückgelegt werden?*
Ich bin felsenfest davon überzeugt, dass wir vor allem im ländlichen Raum bald den selbstfahrenden Kleinbus einsetzen werden. Der kann die Menschen leichter und kostengünstiger zu den Zügen bringen. Der gesamte öffentliche Verkehr wird dadurch günstiger, das private Zweitauto bald überflüssig …

*Pardon, aber das klingt ein bisschen nach Science-Fiction …*
Technologisch funktioniert das System problemlos. Wir warten darauf, dass wir die Pilot-Genehmigungen erhalten.

*Bis wann rechnen Sie mit dem Einsatz in der harten Realität?*
Vielleicht geht es sich in dieser Regierungsperiode, also bis 2029, aus, um die Serienreife und Freigabe zu erhalten, vielleicht in der nächsten Periode. Wenn's nach mir ginge, könnten wir morgen anfangen. Die legistischen und ethischen Fragen scheinen bald gelöst zu sein.

Andreas Matthä mit Leonore Gewessler (bis 2025 Klimaministerin): „Hohes Verständnis für krisengebeutelte Politik“

*Dann müssen nur noch die Menschen in fahrerlose Busse einsteigen wollen …*

Ich habe selbstfahrende Fahrzeuge in China gesehen und auch getestet. Dort funktioniert das System bereits unfassbar gut.

*Es scheint ja nur mehr eine Frage der Zeit zu sein, bis alle Autos autonom auf unseren Straßen fahren werden. Wann können die Züge autonom fahren? Werden die 5.000 ÖBB-Lokführer:innen bald überflüssig sein?*

Ohne Lokführer:innen werden wir nie auskommen. Aber über 160 km/h fahren viele unserer Züge über das ETCS-System schon heute autonom. Der oder die Lokführer:in muss als technischer Supervisor und für besondere, außergewöhnliche Ereignisse immer an Bord bleiben, nur das Berufsbild ändert sich.

*Bei den oftmals überlasteten Hauptstrecken stellt sich bereits die Frage, wie die Bahn noch mehr Kapazität aufbauen kann.*

Wir stellen das gesamte europäische Bahnsystem auf die einheitliche Zugsicherung ETCS um. Dadurch werden die Züge bald einmal im Bremsweg-Abstand – also sehr dicht hintereinander – fahren können. Da in Österreich Schnell-, Regional- und Güterzüge auf denselben Gleisen fahren, muss man einen sehr exakten Fahrplan konstruieren, um sämtliche Kapazitäten zu nutzen. Die Züge selber werden länger, bekommen mehr Sitzplätze.

*Glauben Sie als CEO der ÖBB an die erhoffte Mobilitätswende?*

Jedes Verkehrsmittel hat ein natürliches Habitat, einen Bereich, in dem es am besten funktioniert. In der Fläche ist das die Straße und nach Lissabon möchte ich, ehrlich gestanden, nicht so gern mit dem Zug fahren. Die Bahn ist bei Distanzen bis zu fünf, sechs Stunden Reisezeit optimal. Es braucht eine sinnvolle Verknüpfung aller Verkehrsträger und ich meine, dass die Politik alle Verkehrsträger gleich und fair behandeln sollte. Es gibt ja, offen gesagt, noch immer krasse Wettbewerbsverzerrungen zwischen Luft, Straße und Schiene. Die gehören beseitigt.

*Welche Verzerrungen sprechen Sie an?*

Kerosin ist im Gegensatz zu anderen Energieträgern in ganz Europa steuerbefreit. Das Dieselprivileg für alle Dieselfahrzeuge und damit auch die Transit-Lkw ist unfair. Bei einem Transit-Lkw tragen 30 Prozent der gesamten Kosten die Steuerzahler:innen, bei der Bahn neun Prozent. Das ist ungerecht. Bei der Bahn liegen alle Kosten transparent am Tisch, bei der Straße nicht. Nur ein

ÖBB-CEO Matthä: „Die Koralmbahn macht mich stolz."

Beispiel: Wer zahlt die Autobahnpolizei? – Natürlich der Steuerzahler, die Steuerzahlerin. Dazu kommen noch die schlechten Sozialstandards im Lkw-Transport. Die Lkw-Fahrer:innen sind die Sklav:innen der Autobahn. Es ist zum Genieren, was wir diesen Menschen zumuten, nur damit die Waren möglichst billig zu uns kommen. Das ist unwürdig. Es gibt auf der Straße Lohndumping, Übermüdung. Da ist vieles nicht okay.

*Nur sind die Bahnen zum Teil selber säumig. Sie sind Präsident des europäischen Bahnverbands: Was tun, damit das System Bahn noch besser wird, als es ist?*

Die Nationalstaaten müssten für ihre Infrastruktur nach Schweizer oder österreichischem Vorbild langfristige stabile Finanzierungsmodelle aufbauen. Nur auf guter Infrastruktur kann ein guter Bahnverkehr abgewickelt werden. Schauen wir nach Deutschland: Mit Wettbewerb zwischen Eisenbahnunternehmen allein kann man das Bahnsystem nicht verbessern. Richtig ist: Die Bahnen selber müssen nicht nur im Personenverkehr, sondern auch im Güterverkehr verlässlicher werden. Verlässliche Fahrpläne sind bei Güterzügen ebenso wichtig wie im Personenverkehr.

*Welche Rolle kann und wird der Güterverkehr in Zukunft spielen?*

Bahnen verbinden Menschen und Märkte. Die Koralmbahn ist wie die gesamte neue Südbahn ein Bindeglied zwischen Polen, Tschechien, Österreich, Italien und auch dem Westbalkan. Wer miteinander verbunden ist und Handel treibt, der führt keine Kriege. Je mehr wir uns technisch harmonisieren, desto besser ist der Zusammenhalt. Wir haben von Danzig ausgehend starke Massengütertransporte, da es in vielen Fällen günstiger ist, über Danzig statt über einen West-Hafen zu fahren. Einer der stärksten Wirtschaftsräume Europas – Oberitalien – liegt gleich an der Kärntner Türschwelle. Nutzen wir doch diese Chancen!

*In vielen Staaten wird die Bedeutung der Bahn nun erkannt, doch es fehlen mittlerweile ausreichende finanzielle Mittel …*

Die Sorge, dass den Nationalstaaten das Geld ausgeht, treibt auch mich um. Ich habe Verständnis für die von vielen Krisen gebeutelte europäische Politik, doch neben der kurzfristigen Krisenbewältigung gibt es auch langfristige strategische Hausaufgaben, die gemacht werden müssen. Unser Klima verändert sich immer schneller. Wir werden viele Milliarden Euro ausgeben müssen, um uns vor den Folgen des Klimawandels zu schützen. Es müssen vernunftbetonte Maßnahmen gesetzt werden, um den $CO_2$-Ausstoß zu verringern. Wir haben ja noch gar keine Vorstellung davon, was da auf uns zurollen kann. Ich trete deshalb für das Emissions-Handelssystem ein und plädiere dafür, die daraus resultierenden Finanzmittel in Digitalisierung und in die Vernetzung der europäischen Bahnen zu stecken.

*Die Hoffnung, dass Europa ein Bahnkontinent wird, lebt …*

Alles, was man in fünf bis sechs Stunden mit der Bahn erreichen kann, sollte auch per Bahn gefahren werden. In der Bahn zu fahren, ist ja in der Regel gewonnene Zeit. Man kann lesen, denken, abschalten, mit Mitreisenden plaudern. Im Auto muss man lenken, sich permanent konzentrieren, es gibt Staus und Unfälle. Im Flugzeug gibt es Stress und Hektik bei der Anreise, beim Ein- und Auschecken und in den langen Schlangen vor den Sicherheitskontrollen.

*Wenn der ÖBB-CEO drei Wünsche an die Politik hätte, was wären die?*

Wunsch eins ist, dass der parteiübergreifende Konsens zur österreichischen Bahn bestehen bleibt. Wunsch zwei: dass die Politik die Voraussetzungen dafür schafft, dass die ÖBB als rot-weiß-rotes Unternehmen ein relevanter Player im zentraleuropäischen Raum sein können. Und der dritte Wunsch ist, dass Vertreter:innen der heimischen Politik auf europäischer Ebene noch stärker dafür eintreten, dass sich die nationalen Infrastrukturen – im Geiste der Europäischen Union! – miteinander verknüpfen. Im Übrigen wünsche ich mir, dass noch mehr Österreicherinnen und Österreicher verstehen, welch wertvolles Unternehmen sie mit den ÖBB haben – und dass sie stolz auf dieses Unternehmen sind.

# Zahlen und Fakten

**ÖBB-Infrastruktur bzw. ÖBB-Gesamtkonzern**

**9.886** km Gleiskilometer

**5.018** km Strecken-Baulänge

**1.058** Bahnhöfe und Haltestellen

**6.788** Brücken

**261** Tunnel

**290** Heißläuferortungsanlagen

**980** km Schallschutzwände

**3,2** Mrd. € durchschn. Investitionsvolumen pro Jahr (2024–2029)

| | |
|---|---|
| 2,3 | Mrd. € durchschn. Investitionsvolumen pro Jahr Neue Südstrecke (2024–2029) |
| 18.978 | Mitarbeiter:innen ÖBB Infra |
| 47.484 | Mitarbeiter:innen ÖBB gesamt |
| 1 % | Anteil an Beschäftigten Österreichs |
| 511,3 | Mio. beförderte Fahrgäste pro Jahr |
| 79,9 | Mio. Tonnen beförderte Güter pro Jahr |
| 1.071 | Lokomotiven |
| 72 | Eisenbahnverkehrs-unternehmen im ÖBB-Netz |
| 562 | Züge zu Spitzenzeiten im ÖBB-Netz |

Burg Landsberg hoch über Deutschlandsberg: ein Wahrzeichen der Region

# NICHTS WIE HIN: AUSFLUGSZIELE MIT DER KORALMBAHN

Das Jahrhundertbauwerk Koralmbahn erschließt neue Wirtschaftsräume, verkürzt Fahrzeiten, verbessert Erreichbarkeiten – und bringt Ausflügler:innen und Wochenendurlauber:innen rascher an ihre Ziele. Die Koralmbahn ermöglicht eine erleichterte öffentliche Anreise in zumindest vier touristisch äußerst interessante Regionen:

→ das weststeirische „Schilcherland“ mit Deutschlandsberg im Zentrum
→ die Wander- und Radregion Koralm
→ das Kärntner Lavanttal mit dem Stift St. Paul und dem Hauptort Wolfsberg
→ das Südkärntner Seengebiet um Klopeiner See und Turnersee

Alle genannten Gebiete sind beliebte Radregionen mit zahlreichen beschilderten Radwegen. Verkehrsarme Landstraßen bieten sich für weitere Radtouren „auf eigene Faust“ an. Wir sind angekommen: Bitte alles aussteigen, unsere touristische Exkursion kann beginnen!

## Deutschlandsberg, Klamm und Burg

Deutschlandsberg schmiegt sich regelrecht an den Ostabfall der Koralm. Das Zentrum mit dem schönen Rathaus, dem langgezogenen Hauptplatz, guten Gasthäusern sowie dem Tourismus-Infobüro ist nur rund zehn Gehminuten vom Bahnhof Deutschlandsberg-Stadt entfernt. Im Büro erhält man einen Stadtplan, in dem alle Sehenswürdigkeiten – und Buschenschankbetriebe! – eingezeichnet sind. Durch die Stadt fließt die auf der Koralm entspringende Laßnitz. Schön und leicht ist eine kleine Wanderung ab Ortsmitte Richtung Westen durch die **Laßnitzklause** und hinauf zur über der Stadt thronenden **Burg Landsberg**. Man geht dabei durch das kühle, enge Tälchen und steigt dann auf einem gut befestigten Weg zur seit 1932 im Besitz der Gemeinde befindlichen Burg empor. Von oben erschließt sich ein schöner Blick über Stadt und Land. In der Burg befindet sich das **Burgmuseum „Archeo Norico"**. Auf einem Rundweg kann man durch die Altburg gehen und den Aussichtsturm besteigen. In der gründlich renovierten Anlage liegen auch das Burghotel und das feine Burgrestaurant – das allein Anreise und Aufstieg wert ist. In unmittelbarer Nachbarschaft in nordöstlicher Richtung und direkt über steilen Weingärten befinden sich drei Buschenschankbetriebe, von denen hoffentlich wenigstens einer geöffnet hat. Schilcher-Spritzer und Grammelschmalzbrot – Herz, was willst du mehr?

## Schilcher, Schilcherland, Schilcherstraße, Schilcherweg

Damit sind wir auch schon bei einer Hauptattraktion Deutschlandsbergs. Der **Schilcher** ist eine EU-weit geschützte Rosé-Weinsorte, die, so steht's im Prospekt, erstens „Rasse" besitzt und zweitens mit Aromen wie Johannisbeere, Waldbeeren, Himbeeren, Brennnesseln und Paprika besticht. Am besten probiert man selbst, ob und wie der Schilcher wirklich schmeckt und ob er trocken, lebendig, frisch, fruchtig, fein säuerlich oder harmonisch am Gaumen ankommt. Gezogen wird er aus der Blauer-Wildbacher-Traube, einer alten Rebsorte, die erstmals im 16. Jahrhundert nachgewiesen ist. Gefördert wurde der Schilcheranbau schon von Erzherzog Johann.

Weinfreunde folgen dem Rebensaft auf der **Schilcherweinstraße**, die Richtung Norden über **Stainz** bis nach Ligist und Richtung Süden über das nette **Bad Schwanberg** bis nach Eibiswald führt. Es gibt natürlich auch einen **Schilcher-Radweg** sowie diverse, von Deutschlandsberg abführende Wanderrouten wie den Schilcherweg, den Schilcher-Kellerweg oder einen Rundweg über Weiler sowie **Schloss Wildbach**, dem die Wildbacher Rebe ihren Namen verdankt. Der Ort Stainz wird vom Schloss, einem ehemaligen Augustiner-

Oben: Burg Landsberg mit Museum, Hotel und feinem Restaurant
Unten: Steile Schilcher-Weingärten als landschaftsprägendes Element

Chorherrenstift, überragt und dominiert. Ab Stainz pfaucht eine süße kleine Dampflokomotive und zieht den **Stainzer Flascherlzug** hinter sich her Richtung Osten.

## Oben drüber: Wege auf und über den Berg

Jetzt zur Namenspatronin unserer Bahn, der Koralpe oder eben Koralm. Der mächtige Gebirgsrücken zieht sich vom Murtal im Norden bis zur Drau im Süden und steigt stellenweise auf über 2.100 Meter und damit in Hochgebirgslagen an. Überquert wird das Massiv im Norden von der Südautobahn und der Packer Bundesstraße mit dem Packsattel, im Süden von der über die Soboth führenden Straße zwischen Eibiswald und Lavamünd sowie der Straße von Deutschlandsberg über die **Weinebene** auf 1.668 Meter Seehöhe hinunter ins Kärntner Wolfsberg. Eine vierte Route führt etwas weiter nördlich über den Berg und mündet kurz nach der Passhöhe in die Packer Bundesstraße. Die meist durch Wald führende Straße über die Weinebene hat im ersten Drittel Steigungen von bis zu 18 Prozent; die Südrampe ab Frantschach ist landschaftlich reizvoller. Ambitionierten (Renn-)Radfahrer:innen wird also empfohlen, von Wolfsberg über Frantschach auf die Weinebene zu fahren. Retour geht's dann mit dem REX ab dem Bahnhof Weststeiermark durch den Koralmtunnel.

Zünftige Bergsteiger:innen möchten natürlich auf den höchsten Gipfel der Koralm, den **Großen Speikkogel** (2.140 Meter) – dies ist sowohl von Westen wie von Osten aus gut möglich, etliche Routen sind ausgeschildert. Ganz oben thronen weithin sichtbar zwei Goldhauben-Radarstationen. Da das Gelän-

Hauerjause und Schilcher-Spritzer sind kulinarische Wahrzeichen der Südsteiermark (li.). Im Geopark Glashütten (re.) wird die Geologie der Koralm anschaulich präsentiert.

de keine besonderen Schwierigkeiten aufweist, sind zu fast allen Jahreszeiten Wandernde unterwegs. Im Winter kann man auf Kärntner Seite, zum Beispiel auf der Weinebene, auch Ski fahren. Einige Hütten wie das **Koralpenhaus** oder die **Grünangerhütte** sind das ganze Jahr über bewirtschaftet und bieten für alle jene, die beispielsweise eine Koralmüberschreitung absolvieren, auch Übernachtungsmöglichkeiten.

## Die Hütte über dem Tunnel

Ein nettes Ziel auf der Koralm sei besonders hervorgehoben: die von Mai bis Oktober bewirtschaftete, auf 1.566 Meter Seehöhe gelegene **Brendlhütte**. Warum gerade sie? Weil fast senkrecht unter ihr, nur rund 1.200 Meter tiefer, Züge mit bis zu 250 km/h durch den Berg, genauer gesagt, eben durch den Koralmtunnel schießen. Erreichen kann man diesen schönen Platz zu Fuß in rund einer Stunde via Bad Schwanberg vom Parkplatz bei der **Schirchleralm** (1.321 Meter). Nahe der Hütte sprenkeln große Felsblöcke, sogenannte Öfen, die Almwiesen. Der einsame Drei-Almen-Weg führt von hier weiter über die **Gregormichlalm** und wieder zurück zum Startpunkt Schirchleralm. Routenbeschreibungen finden sich in Wanderführern wie im Internet. Vorsicht ist allerdings geboten: Das Handy, und damit auch das Navi, ist hier oft ohne Empfang, die Markierungen und Wegweiser sind teilweise lückenhaft. Um gröbere Verirrungen zu vermeiden, ist es ratsam, eine analoge Wanderkarte mitzuführen. Dann warten Stille, Waldeinsamkeit, Almen und ein paar Kühe – das romantische Lowtech-Gegenteil zum Hightech-Bauwerk in den Tiefen des Bergs.

Friedliche Idylle, 1.200 Meter senkrecht über dem Koralmtunnel: Brendlalm und Brendlhütte

## St. Paul im Lavanttal und sein Stift

Jetzt aber hinein in die Heimat von Kasnudel und Reindling! Wir sind im Lavanttal, an der Westflanke der Koralm gelandet. **St. Paul im Lavanttal** hat, wie wir wissen, gerade einen funkelnagelneuen Bahnhof direkt an der Koralmbahn gekriegt (siehe S. 70). Bekannt ist der Ort aber vor allem für sein im Jahr 1091 gegründetes, auf einem Felskegel gelegenes Benediktinerstift. Zu erreichen ist dieses mächtige Bauwerk ab dem neuen Mobilitätsknoten mit dem Bus: Man fährt bis zur Station St. Paul im Lavanttal-Ortsmitte, und schon hat man das „Schatzhaus Kärntens" direkt im Blick. Die Gemäldegalerie mit Werken von Rubens, Van Dyck und Holbein, die Bibliothek mit der ältesten Handschrift Österreichs *De fide Catholica* aus dem frühen 5. Jahrhundert, das aus dem 11. Jahrhundert stammende, mit Gold- und Silberblech überzogene Adelheidskreuz, und *last but not least* die wuchtige romanische Stiftskirche lohnen den Besuch in jedem Fall.

Auf zwei Rädern erreicht man von St. Paul über den Lavanttal-Radweg Lavamünd, wo, wie der Name verrät, die Lavant in die Drau mündet. Von hier radelt man dann am (bergigen) Drau-Radweg Richtung Westen und erreicht die **Jauntalbrücke** (siehe S. 63). Oben donnern Railjets über die Drau, eine Etage tiefer kann man mit dem Rad das Tal überqueren, eine beeindruckende Passage. Auch Richtung Norden kann man auf einem schönen Radweg fahren – durchs ganze Lavanttal, bis hinauf auf den **Obdacher Sattel**. Und auch wieder hinunter, ins steirische Murtal.

## Bleiburg/Pliberk, Klopeiner See und Turnersee

Wir bleiben aber in Kärnten, reisen weiter per Rad oder per S-Bahn und steigen an der Station **Bleiburg Stadt/Pliberk mesto** aus. Wir befinden uns im gemischtsprachigen Gebiet, was durch zweisprachige Schilder allerorten ins Auge springt, das Slowenische ist hier verbreitet zu hören. Ein Stadtspaziergang führt auf den langgezogenen Hauptplatz, an dessen oberem Ende sich das **Werner-Berg-Museum** befindet – eine Empfehlung. Der Künstler und Landwirt Werner Berg (1904–1981) lebte nahe der Stadt auf einem Bergbauernhof. Befreundet war er mit der Schriftstellerin Christine Lavant, von ihr fertigte er auch eine Reihe von Porträts und Holzschnitten an (siehe auch S. 163).

Von Bleiburg ist der Bergstock **Petzen** (slowenisch: *Peca*) groß und mächtig zu sehen. Der höchste Gipfel dieses östlichsten Karawankenstocks ist der Kordeschkopf mit 2.126 Metern Seehöhe. Wenige Kilometer südlich von Bleiburg, nahe dem Ort Feistritz, liegt der kleine **Pirkdorfer See**. Zwanzig Kilometer westlich ist man dann schon am berühmten **Klopeiner See** oder am deutlich ruhigeren **Turnersee**, beides traditionelle Urlaubsziele. Die dazugehörige neue Bahnstation heißt **Kühnsdorf-Klopeiner See**, Halt für einige Fernverkehrszüge,

Die romanische Stiftskirche des Benediktinerstifts St. Paul (o.) und der „Kulturradweg" nahe Bleiburg mit Blick auf die Petzen (u.)

Ausflugsziele Klopeiner See (o.) und Schloss Wolfsberg (u.)

den REX ebenso wie die S-Bahn. Von hier nach **St. Kanzian**, dem Zentrum des Seenlands, gelangt man entweder mit dem Bus oder dem ÖBB Transfer Kärnten, einem speziell für Urlaubsgäste zugeschnittenen Shuttleservice, das – vorab bestellt – Bahnreisende von der Station zur Unterkunft (und auch wieder retour) bringt.

## Wolfsberg: Christine Lavant, Schloss und König Fußball

Ein letzter Abstecher führt uns mit der S-Bahn vom Bahnhof St. Paul im Lavanttal Richtung Norden in den Bezirkshauptort **Wolfsberg**. Von hier aus ist die Koralm auf verschiedenen Routen zu bezwingen, ab Stadtmitte ist man zu Fuß laut Wander-Plattform *outdooractive* in achteinhalb Stunden oben und wieder retour. Man kann sich aber auch per Taxi bergan chauffieren lassen, die Gehzeit verkürzt sich entsprechend. Oder oben im Koralpenhaus nächtigen. Alles ist möglich!

Wir gedenken in Wolfsberg einer Schriftstellerin, die den Namen des Tals zu ihrem gemacht hat: **Christine Lavant** (1915–1973). Ihre Biografie ist geprägt von einer armen Kindheit, lebensbedrohlichen Krankheiten, schweren Depressionen, aber auch großen Erfolgen. Neben mehr als 1.700 Gedichten verfasste sie Prosatexte, der bekannteste ist wohl *Das Wechselbälgchen*. Im **Lavanthaus** in Wolfsberg befindet sich eine kleine Dokumentation zu ihrem Leben, ihr bescheidenes Geburtshaus steht kurz nach der südlichen Ortseinfahrt von St. Stefan im Ortsteil Groß-Edling. Begraben wurde sie auf dem Friedhof von St. Stefan in einem Ehrengrab. Seit 2024 befindet sich eine lebensgroße **Christine-Lavant-Statue** am Christine-Lavant-Platz, direkt vor dem Haus der Musik in St. Stefan.

Nach diesem kurzen literarischen Exkurs folgt nun ein beschaulicher Bergauf-Spaziergang zum **Schloss Wolfsberg**. Unübersehbar thront das im pittoresken Tudor-Stil errichtete Gebäude hoch über der Stadt. Die Familie Donnersmarck bewohnt einen Teil des Anwesens, das auch, für Ausflügler nicht unwichtig, ein feines Restaurant mit grandiosen Blicken von der Terrasse beherbergt. Der **Schlosspark** ist ein beliebtes Naherholungsgebiet. Vom Bahnhof durch die Stadt bis zu diesem schönen Ort geht man nicht länger als 30 Minuten.

Ein letzter Hinweis zu Wolfsberg: Die **Lavanttal-Arena**, rund einen Kilometer südlich des Stadtzentrums, ist die Heimstätte des Wolfsberger AC. Das Stadion liegt 500 Meter von der S-Bahn-Haltestelle **Wolfsberg-Reding** entfernt – für alle Schlachtenbummler:innen eine Alternative zur Pkw-Anreise.

Stainz und Schloss Wildbach
Laßnitzklause und Burg Deutschlandsberg
GRAZ
Weinebene und Großer Speikkogel
St. Paul im Lavanttal
Jauntalbrücke
KLAGENFURT
Brendlhütte und Brendlalm
Schloss Wolfsberg
Bleiburg
Klopeiner See, Turnersee, Pirkdorfer See

## Anstelle eines Resümees

Das *Lofntol* rund um Wolfsberg wird auch „Paradies Kärntens" genannt. Zahlreiche Äpfel- und Birnbäume, weite Felder und Wiesen prägen das Bild. Berühmt ist der Lavanttaler Spargel, ganz abgesehen von Edelbränden, Brettljausen und weiteren regionalen Köstlichkeiten. Wenn hier und drüben, auf der anderen Seite der Koralm, in den nächsten Jahrzehnten auch ein neuer, bundesländerübergreifender Wirtschaftsraum entstehen soll, wodurch Wolfsberg und Deutschlandsberg, das Lavanttal und das Schilcherland einander in vielerlei Hinsicht näherkommen werden, so steht doch eines außer Frage: dass beide Regionen ihre im Überfluss vorhandenen landschaftlichen Reize ebenso wie ihre kulinarischen, kulturellen (und sprachlichen!) Identitäten, ihre großen und kleinen Paradiese bewahren werden. Die Steiermark und Kärnten haben ab sofort mit der Koralmbahn eine neue, gemeinsame Attraktion. Die beiden Länder werden durch sie aber niemals verschmelzen. Nur besser miteinander verbunden, das sind sie ab sofort mit Sicherheit.

Ähnliches gilt sowohl für die nationale wie die internationale Ebene. Die Koralmbahn ist kein neues Weltwunder, sehr wohl aber ein essenzieller Beitrag dazu, Österreichs Bundesländer sowie auch die Staaten Europas besser miteinander zu vernetzen. Dieses erfolgreich abgeschlossene Großprojekt kann und wird die Integration des Kontinents ein Stück weit stärken. Wenn das kein Grund für Optimismus und Freude ist – was dann?

Wir sind am Ziel: Beim großen „Tunnellauf“ während der Rohbauphase ging es zu Fuß durch einen der vielen Tunnel (o.). Dieses freudige Ereignis wird es nicht noch einmal geben. Die Bahn aber wird bleiben und Pendlerinnen, Pendlern, Nah-, Fern- und Lustreisenden viel Freude bereiten – sowie die Regionen dies- und jenseits der Koralm dauerhaft miteinander verbinden.

ÖBB
2016 049
ÖBB
2016 082

# ANHANG

## Gesprächspartner:innen

An der politischen Vorbereitung, an der Planung wie am Bau der Koralmbahn waren Tausende Menschen in unterschiedlichsten Rollen beschäftigt. Es ist unmöglich, hier alle entsprechend zu würdigen. Die hier genannten gaben durch ausführliche Gespräche tieferen Einblick in das Projekt und seine Realisierung. Ihnen sowie vielen anderen, hier nicht genannten Gesprächspartner:innen soll an dieser Stelle aufrichtig gedankt werden.

**Burger-Metschina, Sandra;** ÖBB-Infra, Fachreferentin Architektur und Hochbau
Entwickelte mit Kolleg:innen und Planer:innen ab 2010 das Corporate-Design-Handbuch für die Koralmbahn und kämpfte seit damals für ein geschlossenes Erscheinungsbild der gesamten Strecke.
11.03.2025, 8020 Graz, Keplerstraße 95

**Egger, Herwig;** stv. Leiter Betriebsführungszentrum (BFZ) Villach
Der stellvertretende Chef des BFZ Villach ist im Regelbetrieb für die Koralmbahn sowie den Fahrbetrieb im gesamten Süden Österreichs zuständig.
07.05.2025, 9500 Villach, Piccostraße 11, Hauptbahnhof-Nord

**Egger, Jürgen;** Projektmanager ÖBB Infrastruktur
Koordinierte unter anderem sämtliche Testfahrten auf der Strecke und ist intimer Kenner des „Systems Bahn".
06.05.2025, Wettmannstätten-Kühnsdorf, sowie weitere Telefonate und Gespräche

**Engel, Judith;** CEO ÖBB-Infrastruktur AG
Eine der größten „Bauherrinnen" des Landes
28.04.2025, 1020 Wien, Praterstern 3

**Flamm, Ulrich**; Co-Leitung BMK, Abt. II/3, Infrastrukturplanung
Führender Experte des Infrastrukturministeriums, verantwortlich für die Entwicklung des Zielnetzes 2040
18.03.2025, BMK, 1010 Wien, Radetzkystraße 2

**Hammerschmid, Gustav**; Ex-HL-AG-Direktor
Ließ erste Planungsarbeiten für die Koralmbahn durchführen.
22.10.2024, 1010 Wien, Café Mozart, Albertinaplatz 2

**Kasser, Herbert**; Vorstand ASFINAG
Verfügt über umfassende verkehrspolitische Expertise. Ex-Sektionschef bzw. Generalsekretär im Infrastrukturministerium
03.03.2025, 1030 Wien, Austro Tower, Schnirchgasse 17

**Kiesling, Andreas**; ÖBB Infra, Projektkoordinator i. R.
Große Verdienste als Verhandler mit Groß- wie Kleingrundbesitzern
26.02.2025, 1010 Wien, Café Prückel, Stubenring 24

**Kirschner, Eric**; stv. Direktor POLICIES, JOANNEUM RESEARCH
Würdigt die sozioökonomische Bedeutung und das Potenzial der neuen Bahnlinie.
08.04.2025, Telefoninterview

**Klasnic, Waltraud**; Ex-Landeshauptfrau Steiermark
Unterzeichnete 2004 den Koralmbahn-Vertrag und kämpfte mit ihrem Kärntner Kollegen Jörg Haider für die Koralmbahn.
27.11.2024, 1010 Wien, Schwarzenbergplatz 1

**Knauder, Maria**; Bürgermeisterin St. Andrä im Lavanttal
Hofft auf Vorteile für ihre Gemeinde sowie die Region durch die Bahn.
17.12.2024, 9433 St. Andrä/Lavanttal, Rathaus, St. Andrä 100

**Masetti, Klaus**; Stadtbaudirektion Graz
Vermittelte zwischen ÖBB und Stadt Graz und setzte viele Bauvorhaben um.
09.11.2024, 8020 Graz, Hotel Daniel, Europaplatz 1

**Matthä, Andreas**; CEO ÖBB Holding
Lenkt das 47.000 Mitarbeiter:innen umfassende Imperium mit ruhiger Hand und argumentiert beständig für „mehr Bahn". Der gelernte Brückenbauer steht seit 1982 im Dienst der ÖBB.
16.05.2025, 1100 Wien, Am Hauptbahnhof 2

**Nagelschmied, Alfred;** Land Steiermark, Abteilung 16, Verkehr und Landeshochbau
Begleitet das Projekt seit 1992 mit großem Engagement und ist seit 1998 Mitglied im Koralmbahn-Lenkungsausschuss.
29.11.2024, 8010 Graz, Stempfergasse 7

**Oberwald, Christian;** Stadtplanung Klagenfurt/Flächenwidmungsplan
War und ist wichtiges Bindeglied zwischen ÖBB und der Kärntner Landeshauptstadt.
18.12.2024, 9020 Klagenfurt, Paulitschgasse 13

**Plaimer, Peter;** Regionalverband Südkärnten
Der kritische Regionalentwickler hofft auf viele regionalökonomische Impulse.
19.12.2024, 9020 Klagenfurt, Mießtaler Straße 6

**Rießberger, Klaus;** Prof. em. TU Graz
Zeichnete erste konkrete Pläne für die Koralmverbindung Graz–Klagenfurt und begleitete ab ca. 1985 beständig das Projekt.
20.01.2025, 8010 Graz, TU Graz, Rechbauerstraße 12

**Schneider, Klaus;** ÖBB Infrastruktur, Projektleitung Koralmbahn
Coachte das Koralm-Projekt ab 1997 bis zur Eröffnung 2025.
09.10.2024, 8020 Graz, Europaplatz 2

**Schubel, Dietmar;** ÖBB Infrastruktur, Projektleiter Koralmbahn Steiermark
Setzte unter anderem den Bahnhof Weststeiermark um und ist Experte für „Renaturierung".
20.01.2025, 8020 Graz, Europaplatz 2

**Schuschnig, Hans;** Amt der Kärntner Landesregierung, Abteilung 7, Wirtschaft, Tourismus und Mobilität – Unterabteilung Verkehrsplanung
Beschäftigt sich seit Beginn der Planungen mit dem Projekt Koralmbahn und den Entwicklungsmöglichkeiten für das Bundesland Kärnten.
18.12.2024, 9020 Klagenfurt, Mießtaler Straße 1

**Spiegel, Thomas;** Bundesministerium für Innovation, Mobilität und Infrastruktur, Leitung Infrastrukturplanung
Oberster Bahn-Stratege im Infrastrukturministerium, Entwickler des „Zielnetzes 2024"
18.03.2025, 1010 Wien, Radetzkystraße 2

**Stauber, Peter;** ehem. Abgeordneter zum Nationalrat, ehem. Bürgermeister St. Andrä im Lavanttal
Trat als Bürgermeister, Regionssprecher und Nationalratsabgeordneter offensiv für den Bahnbau ein.
17.12.2024, 9433 St. Andrä/Lavanttal, Bistro Lorett, St. Andrä 8

**Tropper, Andreas;** Land Steiermark, Abteilung 16, Verkehr und Landeshochbau, Landesbaudirektor
Hat den Koralmvertrag 2004 mit vorbereitet und spielte seit Anbeginn eine zentrale Rolle bei Planung und Umsetzung der Bauvorhaben.
29.11.2024, 8010 Graz, Stempfergasse 7

**Wagner, Hanns;** ÖBB Infrastruktur, Fachreferent Tunnelbau
Engagierter ÖBB-Tunnelplaner, Tunneldenker und Tunnelbauer
26.02.2025, 1020 Wien, Lasallestraße 5

**Wallner, Josef;** Bürgermeister Deutschlandsberg
Vermittelt als erklärter Eisenbahnfreund seit 2000 stets konstruktiv zwischen ÖBB, Stadt und Region.
28.11.2024, 8530 Deutschlandsberg, Rathaus, Hauptplatz 35

**Zwittnig, Gerald;** Leiter ÖBB-Projektumsetzung
Verantwortlicher Projektleiter für die Umsetzung der Koralmbahn auf Kärntner Seite samt dem wichtigen Puzzlestein der Jauntalbrücke
29.01.2025, 1020 Wien, Praterstern 3

# Verwendete Literatur


Amt der Kärntner Landesregierung (Hg.): Jahrhundert-Projekt Koralm. Der Weg nach Europa. Sonderdruck. Klagenfurt (o. J.)

Amt der Kärntner Landesregierung (Hg.): Baltic-Adriatic Transport Cooperation – Connecting Europe. And beyond. Klagenfurt 2014

Auferbauer, Günter und Luise: Steirisches Weinland. Rother Wanderführer. München 2013

Brenner, Walter: Hochleistungsstrecken in Österreich und die HL-AG, https://www.brenners-muvb.at/publikationen/Wien 2012 (abgerufen am 18.11.2024)

Bundesministerium für Verkehr, Innovation und Technologie: Transeuropäische Verkehrsnetze (TEN-V). Wien 2014

Bundesministerium für Klimaschutz, Umwelt, Energie, Mobilität, Innovation und Technologie: Fachentwurf Zielnetz 2040, https://www.bmimi.gv.at/themen/verkehrsplanung/ausbauplan/zielnetz.html (abgerufen am 20.03.2025)

Bundesministerium für Klimaschutz, Umwelt, Energie, Mobilität, Innovation und Technologie: Zielnetz 2040 – Das Bahnnetz der Zukunft. Präsentation. https://infrastruktur.oebb.at/de/unternehmen/fuer-oesterreich/zukunft-bahn-zielnetz (abgerufen am 31.03.2025)

Eicher, Harald: Kärnten – Deine Wege. Die Entwicklung der Verkehrsinfrastruktur in Kärnten. Klagenfurt 2009

Eiletz-Kauben Daniela: Graz. Köln 2019

Europäisches Parlament: Transeuropäische Netze – Leitlinien. https://www.europarl.europa.eu/factsheets/de/sheet/135/transeuropaische-netze-leitlinien (abgerufen am 15.03.2025)

Faller, Peter et al.: Machbarkeitsstudie SÜD-OST-SPANGE. https://probahn.wordpress.com/wp-content/uploads/2014/07/103-19911002_machbarkeitsstudie_sc3bcdost-spange-1.pdf, 1991 (abgerufen am 04.01.2025)

Hösele, Herwig: Landesfürst & Landesmutter. Zwei Charaktere – ein Ziel. Wien-Graz-Klagenfurt 2007

Kirschner, Eric et al.: Der Koralmtunnel – Chance für Süd-Österreich? Klagenfurt (o. J.)

Kleine Zeitung (Hg.): Abfahrt Klagenfurt. Abfahrt Graz. Sonderdruck/Beilage. Klagenfurt 2024

Klein-Wisenberg, Alfred und Flödl, Matthias: Einsteigen, bitte! Eine Reise durch die Geschichte der ÖBB. Wien-Graz 2023

Kleindel, Walter: Österreich. Zahlen-Daten-Fakten. Salzburg 2007

Kohl, Bernhard: Trassenauswahl im Spannungsfeld der Interessen. ILF Consulting Engineers, www.ilf.com (abgerufen am 18.11.2024)

Kubinszky, Mihály: Bahnhöfe in Österreich. Wien 1986

Neue Entwicklungsmöglichkeiten und Wachstumspotenziale entlang der Achse Graz-Klagenfurt. Endbericht. Graz/Klagenfurt 2022

ÖBB Infrastruktur AG (Hg.): Hauptbahnhof Graz. Eine Dokumentation. Graz 2016

ÖBB Werbung / ÖBB Infrastruktur GmbH: Graz-Klagenfurt. Koralmbahn. Teil der neuen Südstrecke. Broschüre. Wien 2023

ÖBB (Hg.): ÖBB kompakt 2024/25. Zahlen Daten Fakten. Wien 2025

ÖBB Infra (Hg.): Durchbruch in die Zukunft. Der Koralmtunnel. Graz 2012

ÖBB Infra (Hg.): Baltisch-Adriatische-Achse. Gesamtwirtschaftliche Bewertung im Rahmen der erweiterten Kosten-Nutzen-Analyse. Wien 2011

ÖBB Infra und Bundesministerium für Klimaschutz, Umwelt, Energie, Mobilität, Innovation und Technologie (Hg.): Rahmenplan 2024–2029. https://www.parlament.gv.at/dokument/XXVII/III/1049/imfname_1590936.pdf (abgerufen 20.06.2025)

Rechnungshof Österreich: Projekt Koralmbahn. Bericht des Rechnungshofs. Wien 2025

Rießberger, Klaus: Bahn der Zukunft – Zukunft der Bahn. Antrittsvorlesung, Broschüre. Graz 1985

Rießberger, Klaus: 25 Jahre Hochschultätigkeit – was bleibt? Abschiedsvorlesung, Broschüre. Graz 2009

Schienenverkehr in Europa. Wikipedia (abgerufen am 20.03.2025)

Schneider, Christoph M.: Koralm ohne Tunnelblick. Wie das Jahrhundert-Infrastrukturprojekt zum Erfolg für die Region Südösterreich wird. Präsentation. https://kaernten.iv.at/IV-News/IV-News-Kaernten/231017-Koralmbahn-Wolfsberg-CMS-Final[64]-Christoph-Schneide.pdf (abgerufen am 01.04.2025)

Thelian, Werner und Richter, Nicole: Lust auf Lavanttal. Aktivitäten. Kulturelles. Kulinarisches. Klagenfurt 2007

Wolf, Gery: Steirisches Weinland. Wien-Graz-Klagenfurt 2017

# Bildnachweise

**Fotos**

Cover, S. 175: ÖBB/ 3D Schmiede; S. 4–5: ÖBB/ isochrom; S. 8–9, 10, 18–19, 30 u., 39, 52 u., 56 r. o., 56 u., 62, 66, 69 u., 80 l. u., 80 r. u., 92 o., 92 u., 94, 95, 96 o., 96. u., 110, 114 l., 114 r., 130, 149, 166: ÖBB; S. 15 o., 20, 65, 68 o., 112–113: ÖBB/ Steiner; 15 l. u., 76, 80 l. o., 80 r. o., 83 l. o., 89 l. u., 89 r. u., 93 o.: ÖBB/ Pikl; S. 15 r. u., 27 o., 29, 36, 55, 56 l. o., 59 r. u., 64, 83 r. o., 88, 97, 116, 117, 123 l. o., 123 r. o., 132, 140, 146: Christopher Mavrič; S. 16, 53, 59 o., 59 l. u., 69 o., 98, 100 o., 119 o., 150, 154–161: Othmar Pruckner; S. 27 u.: Hopi Media/ APA / picturedesk.com; S. 30 o.: ÖBB/ Erlmoser; S. 35 o., 68 u., 83 u., 106: ÖBB/ Pachoinig; S. 35 u.: ÖBB/ Bildhauer; S. 44–45, 46, 48, 103, 109, 123 u., 126–127: ÖBB/ Zenz; S. 52 l. o., 52 r. o.: ÖBB/ Philips; S. 61, 74–75, 99, 167: ÖBB/ ev-media; S. 67: ÖBB/ Deopito; S. 91, 93 u.: ÖBB/ Werner; S. 100 u.: ÖBB/ Fisc; S. 102: ÖBB/ Wrann; S. 119 u.: Guenter Standl / laif / picturedesk.com; S. 142 o.: Franz Neumayr / picturedesk.com; S. 142 Mi. l.: shutterstock/ BalkansCat; S. 142 Mi. r.: shutterstock/Cinematographer; S. 142 u.: shutterstock/aerial-motion; S. 145 o., 145 u.: CCG/ Werner Krug; S. 162 o., 162 u.: Edwin Stranner / picturedesk.com

**Grafiken**

Cover, S. 42–43, 78–79, 128–129, 164: Buero Blank – branding und design; S. 12, 25 u., 89 o., 104, 105, 136, 138: ÖBB

## Dank an

**Martin Erhart**; Öffentlichkeitsarbeit ÖBB-Infrastruktur
**Rosanna Zernatto-Peschel**; ÖBB, Pressesprecherin Kärnten und Steiermark
**Gabi Zornig**; Pressesprecherin ÖBB-Holding
**Ingrid Sonnleitner** für die genaue Durchsicht des Manuskripts

railjet

## Liebe Leserin, lieber Leser, hat Ihnen unser Buch gefallen?

Dann freuen wir uns über Ihre Weiterempfehlung!
Und erzählen Sie davon. Ihren Freundinnen und Freunden, Ihrer Buchhändlerin oder Ihrem Buchhändler. Weil jede gute Geschichte davon lebt, weitergetragen zu werden.

/StyriaBuchverlage
#koralmbahn
#jahrhundertprojekt
#bahnfrei

Wollen Sie weitere Informationen zu unserem Programm? Möchten Sie mit dem Autor in Kontakt treten? Wir freuen uns auf Austausch und Anregung unter **post@styriabooks.at**

Inspiration, Geschenkideen und gute Geschichten finden Sie auf **www.styriabooks.at**

STYRIA
BUCHVERLAGE



Verlagsgruppe Styria GmbH & Co KG
Lobkowitzplatz 1, 1010 Wien, Austria
E-Mail: office@styriabooks.at

Bücher aus der Verlagsgruppe Styria gibt es in jeder Buchhandlung
und im Online-Shop **www.styriabooks.at**

ISBN 978-3-222-13748-8

Projektleitung und Lektorat: Caroline Metzger
Korrektorat: Joe Rabl
Covergestaltung, Layout und Satz: Buero Blank – branding & design
Herstellungsleitung: Franz Schaffer

Druck und Bindung: Finidr
7 6 5 4 3 2 1
Printed in the EU

STEIERMARK
SALZBURG
Unzmarkt
Zeltweg
Neumarkt
KÄRNTEN
St.Veit
VILLACH
KLAGENFURT
St.PAUL
JUGOSLAVIEN